2020—2021年中国工业和信息化发展系列蓝皮书

2020—2021年
中国人工智能产业发展蓝皮书

中国电子信息产业发展研究院 编 著
乔 标 主 编
潘 文 彭 健 副主编

电子工业出版社
Publishing House of Electronics Industry
北京·BEIJING

内 容 简 介

本书系统剖析了我国人工智能产业的发展特点与发展趋势，并根据年度产业发展情况，对技术创新、行业应用、企业动态、热点趋势、重要政策和产业整体方向进行了全面阐述与展望。全书分为综合篇、技术创新篇、行业应用篇、企业篇、政策篇、展望篇共 6 个部分 24 章。

本书可为政府部门、相关企业及从事相关政策制定、管理决策和咨询研究的人员提供参考，也可供高等院校相关专业师生及对人工智能感兴趣的读者学习。

未经许可，不得以任何方式复制或抄袭本书之部分或全部内容。
版权所有，侵权必究。

图书在版编目（CIP）数据

2020—2021 年中国人工智能产业发展蓝皮书 / 中国电子信息产业发展研究院编著；乔标主编. —北京：电子工业出版社，2021.11
（2020—2021 年中国工业和信息化发展系列蓝皮书）
ISBN 978-7-121-42304-8

Ⅰ. ①2⋯ Ⅱ. ①中⋯ ②乔⋯ Ⅲ. ①人工智能－产业发展－研究报告－中国－2020-2021 Ⅳ. ①F492.3

中国版本图书馆 CIP 数据核字（2021）第 228519 号

责任编辑：许存权
印　　刷：中煤（北京）印务有限公司
装　　订：中煤（北京）印务有限公司
出版发行：电子工业出版社
　　　　　北京市海淀区万寿路 173 信箱　　邮编：100036
开　　本：720×1 000　1/16　印张：14.5　字数：325 千字　彩插：1
版　　次：2021 年 11 月第 1 版
印　　次：2021 年 11 月第 1 次印刷
定　　价：218.00 元

凡所购买电子工业出版社图书有缺损问题，请向购买书店调换。若书店售缺，请与本社发行部联系，联系及邮购电话：(010) 88254888，88258888。
质量投诉请发邮件至 zlts@phei.com.cn，盗版侵权举报请发邮件至 dbqq@phei.com.cn。
本书咨询联系方式：(010) 88254484，xucq@phei.com.cn。

前 言

人工智能作为新一轮产业变革的核心驱动力，正在释放历次科技革命和产业变革的巨大能量。持续探索新一代人工智能应用场景，重构生产、分配、交换、消费等经济活动各环节，催生新技术、新产品、新产业。作为数字经济转型升级的推动力和新一轮科技竞赛的制高点之一，近年来人工智能被提升到国家战略高度。2017 年至今，在连续五年的政府工作报告中均提及加快人工智能产业发展；2020 年，人工智能更是与 5G 基站、大数据中心、工业互联网等一起被列入新基建范围。在"新基建"背景下，人工智能将为智能经济的发展和产业数字化转型提供底层支撑，将推动人工智能与 5G、云计算、大数据、物联网等领域深度融合，形成新一代信息基础设施的核心能力。

在此背景下，赛迪研究院编写了《2020—2021 年中国人工智能产业发展蓝皮书》，本书分为综合篇、技术创新篇、行业应用篇、企业篇、政策篇和展望篇共二十四章内容。综合篇主要阐述了 2020—2021 年全球及我国人工智能发展情况。技术创新篇对机器学习算法、自然语言识别与处理技术、计算机视觉技术、AI 芯片技术、深度学习框架等重要底层技术的最新进展进行了分析，特别对自动驾驶领域的 AI 技术进展进行了阐述。行业应用篇对制造业等九大重点行业领域的人工智能应用场景和典型案例进行了梳理。企业

篇对人工智能算法类企业、芯片类企业、平台型企业、智能装备企业 2020—2021 年度的发展情况和主要突破进行了回顾。政策篇对 2020 年以来中国人工智能产业重点政策进行了详细解析。展望篇总结了全球知名机构对 2020—2021 年人工智能发展趋势和重点问题的预测，并提出了对中国 2021 年人工智能产业发展趋势的展望，分析了中国人工智能发展面临的挑战，并提出可能的政策建议。

  本蓝皮书虽然经研究人员和专家的严谨思考和不懈努力，但由于能力和水平所限，疏漏和不足之处在所难免，敬请广大读者和专家批评指正。

赛迪智库世界工业研究所、无线电管理研究所

目 录

综 合 篇

第一章　2020—2021年全球人工智能产业发展状况 ……………………002
　第一节　全球人工智能研究与发展 ………………………………………002
　第二节　人工智能技术表现 ………………………………………………003
　第三节　人工智能在经济领域出现增长与矛盾交织的局面 ……………004
　第四节　AI应用面临社会问题和道德法律挑战 …………………………005

第二章　2020—2021年中国人工智能产业发展状况 ……………………007
　第一节　新兴技术持续孕育，以人工智能为核心的集成化技术创新加速 …007
　第二节　智能经济初现雏形，泛在智能发展迅猛 ………………………008
　第三节　场景赋能成为主旋律，典型场景将成为找融资重点 …………009
　第四节　新基建赋能各行各业，人工智能产业底层支撑持续提升 ………009

技术创新篇

第三章　机器学习算法 ……………………………………………………012
　第一节　总体发展概况 ……………………………………………………012
　第二节　创新进展 …………………………………………………………025
　第三节　产业发展特点与展望 ……………………………………………029

第四章　自然语言识别与处理技术 ………………………………………031
　第一节　总体发展概况 ……………………………………………………031
　第二节　创新进展 …………………………………………………………035

第三节 产业发展特点与展望 037

第五章 计算机视觉技术 041
第一节 总体发展概况 041
第二节 创新进展 043
第三节 产业发展特点与展望 045

第六章 人工智能芯片 048
第一节 总体发展概况 048
第二节 创新进展 053
第三节 产业发展特点与展望 054

第七章 智能驾驶技术 057
第一节 总体发展概况 057
第二节 创新进展 059
第三节 产业发展特点与展望 060

第八章 深度学习框架平台 063
第一节 总体发展概况 063
第二节 创新进展 068
第三节 产业发展特点与展望 069

行业应用篇

第九章 人工智能+制造业 072
第一节 影响 072
第二节 应用 073
第三节 趋势、挑战和建议 076

第十章 人工智能+智慧交通 078
第一节 主要应用场景 078
第二节 我国发展情况 080
第三节 典型应用案例 081

第十一章 人工智能+医疗 083
第一节 主要应用场景 083
第二节 我国发展情况 084
第三节 典型应用案例 085

第十二章　人工智能+金融 088
第一节　主要应用场景 088
第二节　我国发展情况 090
第三节　典型应用案例 090

第十三章　人工智能+教育 092
第一节　主要应用场景 092
第二节　我国发展情况 095
第三节　典型应用案例 096

第十四章　人工智能+国家安全 098
第一节　主要应用场景 098
第二节　我国发展情况 100
第三节　典型应用案例 100

第十五章　人工智能+农业生产 102
第一节　主要应用场景 102
第二节　我国发展情况 104
第三节　典型应用案例 105

第十六章　人工智能+能源、资源 106
第一节　主要应用场景 106
第二节　我国发展情况 107
第三节　典型应用案例 108

第十七章　人工智能+零售行业 110
第一节　主要应用场景 110
第二节　我国发展情况 111
第三节　典型应用案例 112

企 业 篇

第十八章　人工智能算法企业 115
第一节　科大讯飞 115
第二节　旷视科技 119
第三节　商汤科技 121
第四节　依图科技 124
第五节　海康威视 127

第十九章　人工智能芯片重点企业·····130
- 第一节　地平线机器人·····130
- 第二节　寒武纪·····133
- 第三节　华为海思·····136
- 第四节　紫光展锐·····142
- 第五节　瑞芯微电子·····144

第二十章　人工智能平台企业·····148
- 第一节　百度·····148
- 第二节　腾讯·····153
- 第三节　阿里巴巴·····157
- 第四节　第四范式·····160

第二十一章　智能无人装备企业·····164
- 第一节　新松机器人·····164
- 第二节　科沃斯机器人·····168
- 第三节　大疆创新科技·····170
- 第四节　驭势科技·····173

政　策　篇

第二十二章　中国人工智能产业重点政策解析·····178
- 第一节　支持创建天津（滨海新区）、北京、杭州、广州、成都等5个国家人工智能创新应用先导区·····178
- 第二节　天津市出台《天津市建设国家新一代人工智能创新发展试验区行动计划》·····180
- 第三节　上海出台若干落实人工智能的"上海方案"·····182
- 第四节　武汉制定《武汉国家新一代人工智能创新发展试验区建设方案》·····184
- 第五节　苏州出台《苏州市促进新一代人工智能产业发展的若干措施》·····187
- 第六节　国家标准委等五部门制定《国家新一代人工智能标准体系建设指南》·····189
- 第七节　工信部印发《工业互联网创新发展行动计划（2021—2023年）》·····192
- 第八节　"十四五"规划中人工智能相关政策·····195

展 望 篇

第二十三章　国际主流智库预测性观点综述 ································ 198

　第一节　美国信息技术和创新基金会 ································ 198

　第二节　CB Insights ································ 199

　第三节　Open AI ································ 200

　第四节　Gartner ································ 202

　第五节　麦肯锡 ································ 203

　第六节　德勤 ································ 204

　第七节　国际数据公司 ································ 207

　第八节　福布斯 ································ 209

第二十四章　2021年中国人工智能产业发展趋势、挑战和建议 ······· 212

　第一节　发展趋势 ································ 212

　第二节　面临挑战 ································ 213

　第三节　发展建议 ································ 215

后记 ································ 220

综合篇

第一章

2020—2021年全球人工智能产业发展状况

第一节　全球人工智能研究与发展

创新研发是人工智能进步的基础。自从20世纪50年代技术首次激发计算机科学家和数学家的想象力以来,人工智能已发展成为具有重要商业应用的主要研究学科。在过去的20年中,AI论文的数量急剧增加,人工智能会议和预印本的兴起扩大了研究和学术交流的传播。中国、欧盟和美国在内的主要国家和地区都在竞相投资人工智能研究。

从2019年到2020年,人工智能期刊的出版数量增长了34.5%,比2018年至2019年高出19.6%。从全球来看,经过同行评审的AI论文中,来自学术机构的比例最高。但各区域中,排名第二的机构有所不同:在美国,企业研究的学术发表排名第二,占发表总数的19.2%;在中国与欧盟国家,政府主导的研究机构排名第二,分别占发表总数的15.6%和17.2%。2020年,中国在AI期刊的全球引用量首次超过美国。但是,在过去的10年间,美国的AI会议论文引用量一直高于中国。另外值得注意的是,在2000年至2019年之间,人工智能会议论文的数量增加了四倍,而在最近十年的增长趋于平稳,2019年的会议论文数量仅比2010年的数量高1.09倍,2020年相比2019年则有大幅下降。

大型公司加剧了AI计算鸿沟。随着时间推移,大型公司在人工智能会议中的存在率不断提高。西部大学、弗吉尼亚理工大学和艾维商学

院的研究人员认为，学术界计算能力的不平等分布（简称"计算鸿沟"）加剧了深度学习时代的不平等现象。大型科技公司往往拥有更多的资源来设计 AI 产品，但与精英或规模较小的机构相比，它们的多元化程度较低，这引起了人们对人工智能内部偏见和公平的担忧。10 个主要 AI 会议都显示出公司参与度的上升趋势，是对计算鸿沟进一步扩大的印证。

TensorFlow 依然是最领先的 AI 框架。TensorFlow，由 Google 开发并于 2017 年公开发布，到 2020 年仍然是最受欢迎的 AI 框架。2020 年第二大受欢迎的框架是 Keras，它也由 Google 开发，并基于 TensorFlow 2.0 构建。除 TensorFlow 外，PyTorch（由 Facebook 创建）是另一个越来越受欢迎的 AI 框架。

第二节　人工智能技术表现

尽管技术的进步使 AI 系统的部署比以往任何时候都更加广泛和轻松，但对 AI 使用的关注也在增长，尤其是在算法偏差等问题上，比如，能够合成图像和视频的新 AI 功能的出现也带来了道德上的挑战。

万物皆可生成成为可能。AI 系统可以合成非常高质量的文本、音频和图像，人类甚至无法分辨出合成输出与非合成输出之间的区别。在 2020—2021 年，生成模型在 STL-10 数据集中生成令人信服的合成图像方面进展迅速，图像真实性越来越高。这些技术将促进大量有利于社会或不利于社会的 AI 下游应用的出现，并促使研究员投入研究检测生成模型的技术中。

计算机视觉技术（CV）正加速工业化，视频处理将是下一个风口。CV 模型的性能在一些大型基准上开始趋于平缓，这表明社区需要开发并就更难的标准达成共识，以对性能进行进一步测试。同时，企业正在投入越来越多的计算资源，以前所未有的速度训练 CV 系统。

自然语言处理技术（NLP）能力已经超越其评估指标。NLP 的进展加快，技术进步已经超过了基准测试，这可以从在 SuperGLUE 上获得人类水平性能的系统的快速兴起看出。

AI 推理取得显著进步。大多数技术问题的度量标准都以固定的基准显示了每个时间点上最佳系统的性能。针对 AI 指数开发的新分析提

供了指标，这些指标可以用在不断更新的基准测试上，也可以用在获得一段时间内一组系统整体性能表现的单个信用系统上。AI 推理分析适用于两个符号推理问题：自动定理证明（Automated Theorem Proving）和布尔公式的可满足性（Satisfiability of Boolean formulas）。在布尔满足问题上，虽然从 2016 年到 2018 年最佳求解器的性能没有明显变化，但在 2019 年和 2020 年有明显的改进。

机器学习（ML）正在改变医疗保健和生物学领域。DeepMind 开发的 AlphaFold 2 应用了深度学习技术，在长达数十年的蛋白质折叠生物学挑战中取得了重大突破。科学家使用 ML 模型来学习化学分子的表示形式，以进行更高效的化学合成规划。AI 创业公司 PostEra 使用基于 ML 的技术，在新冠肺炎疫情期间快速找到了相关的药物。

第三节　人工智能在经济领域出现增长与矛盾交织的局面

人工智能（AI）的兴起不可避免地提出了一个问题，即技术将在多大程度上影响企业、劳动力和经济。考虑到 AI 的最新进展和众多突破，AI 为企业带来了巨大的利益和机遇，从自动化的生产率提高到使用算法为消费者量身定制产品、大规模分析数据等。但是，人工智能所承诺的效率和生产率的提高也带来了巨大的挑战，即公司必须努力寻找并留住熟练的人才来满足他们的生产需求，同时要牢记实施措施以减轻使用人工智能的风险。

AI 生物获得最多 AI 投资。"药物、癌症、分子与药物发现"在 2020 年获得了 AI 方向最大的私人投资，总额超过 138 亿美元，是 2019 年的 4.5 倍，如图 1-1 所示。

AI 私人投资愈发趋向头部独角兽。2020 年以来，越来越多 AI 领域私人投资集中到少数的初创公司中。尽管出现疫情，但 2020 年 AI 领域的私人投资金额比 2019 年增加了 9.3%，尽管有新成立的公司，但其比 2018 年至 2019 年的增长率（5.7%）高较多。

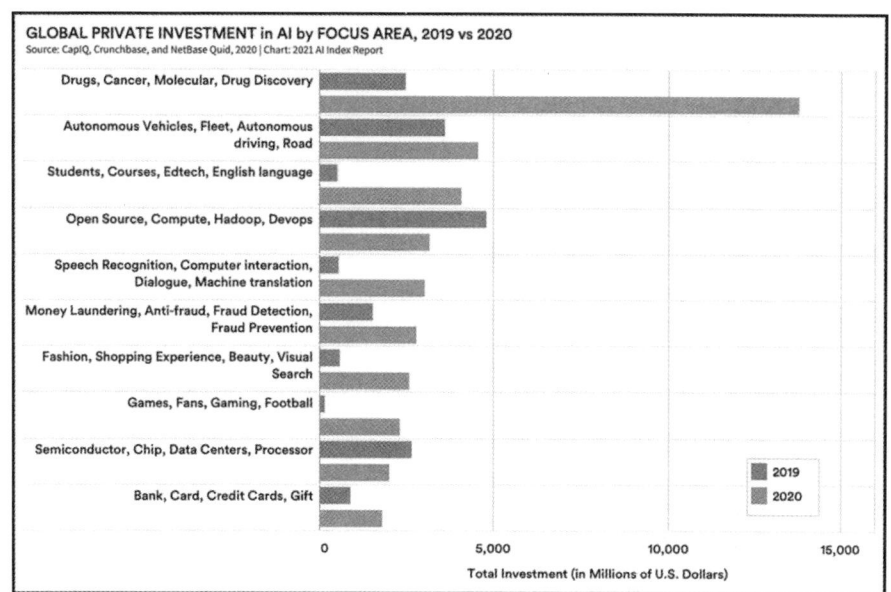

图 1-1　2019 年与 2020 年 AI 全球私人投资的领域分布

（数据来源：作者整理，2021 年 4 月）

　　AI 伦理法律问题受到的关注仍然不够。麦肯锡的一项调查显示，尽管越来越多人呼吁解决 AI 使用相关的道德伦理和法律问题，但业界在解决这些问题的努力上非常少。例如，较少由企业关注和解决使用 AI 导致的平等和公平问题。此外，与 2019 年相比，2020 年越来越少公司将个人隐私视为相关风险，并且在受访者中，正在采取措施来减轻这些特殊风险的企业百分比没有发生变化。

　　美国的 AI 人才就业形势严峻。2020 年以来，美国的 AI 岗位发布比例有所下降，这也是 6 年以来的首次下降。从 2019 年到 2020 年，美国的 AI 岗位发布总数下降了 8.2%，从 2019 年的 325724 个岗位减少到 2020 年的 300999 个岗位。

第四节　AI 应用面临社会问题和道德法律挑战

　　随着以人工智能为基础的创新在我们的生活中变得越来越普遍，人工智能应用的道德挑战越来越明显，并且受到了严格审查，各种 AI 技

术的使用会导致意想不到（或有害）的后果，例如侵犯隐私、基于性别、种族/民族、性取向或性别认同的歧视和不透明的决策等问题。应对现有的道德挑战，并在部署之前构建负责任的、公平的 AI 创新变得更为重要。根据斯坦福大学数据，AI 框架、AI 研究和教育、人脸识别、算法偏差是全球最受关注的 AI 伦理议题。

自 2015 年以来，政府、私营企业、政府组织和研究专业组织陆续开始编写应对 AI 应用道德挑战的规范性原则文件，表明各国政府和组织正在注意并建立 AI 治理的愿景。即便如此，AI 伦理原则概念的泛华在 2020 年遭到了伦理研究者和人权从业者的批评，他们反对与伦理有关的术语的不精确使用以及缺乏制度框架，在大多数情况下不具有约束力。这些原则的模糊和抽象无法为如何具体实施与 AI 相关的道德准则提供指导。数据显示，截至 2020 年，欧洲和中亚地区发布的 AI 道德原则数量最多（52 份），其次是北美（41 份）、东亚和太平洋地区（14 份），其中仅欧盟委员会发布 AI 白皮书、联合国成立 AI 伦理委员会、梵蒂冈发布 AI 伦理计划受到国际社会的较高关注。

第二章

2020—2021年中国人工智能产业发展状况

第一节 新兴技术持续孕育，以人工智能为核心的集成化技术创新加速

2020年以来，我国人工智能单点技术应用更加成熟，但人工智能与相关技术的协同规模化和产业化应用尚在早期，对经济高质量发展的赋能效率有待提升。我们判断，未来人工智能单项技术独立发挥作用将面临天花板。预计2021年，虚拟现实、超高清视频、新兴汽车电子等新技术、新产品将不断孕育涌现，并与人工智能加速交叉集成，推动生产生活方式和社会治理方式智能化变革的经济形态；与此同时，人工智能与5G、云计算、大数据、工业互联网、物联网、混合现实（MR）、量子计算、区块链、边缘计算等新一代信息技术互为支撑。通过智能技术产业化和传统产业智能化，人工智能将为智能经济的发展和产业数字化转型提供底层支撑，推动人工智能与5G、云计算、大数据、物联网等领域深度融合，形成新一代信息基础设施的核心能力。

在具体方向上，以交叉融合为特征的集成化创新渐成主流，多种新兴技术交叉集成的价值将使人工智能发挥更大社会经济价值。2021年，人工智能将与汽车电子等领域加速融合，实现感知、决策、控制等专用功能模块，推动形成自动驾驶、驾驶辅助、人车交互、服务娱乐应用系统，进一步革新传统汽车产业链，使汽车加速智能化、网联化；人工智

能有望与虚拟现实技术相结合，为生产制造、家装等提供工具，并为虚拟制造、智能驾驶、模拟医疗、教育培训、影视娱乐等提供场景丰富、及时互动的平台环境。

第二节　智能经济初现雏形，泛在智能发展迅猛

新冠肺炎疫情成为未来一段时期全球的"新常态"，国内外均处于经济社会创新发展和转型升级期，对人工智能的运用需求迫切，我们判断，随着算法的创新、算力的增强、数据资源的累积，智能化基础设施的建设和传统基础设施将实现智能化升级，人工智能技术有望推动经济发展全要素的智能化革新。展望2021年，人工智能进一步推动数字经济进入智能经济的新阶段，智能经济这一新型经济形态已初现雏形，人工智能将与实体经济加速融合，成为新常态下产业转型升级的重要赋能源头之一，不仅推进智能制造、智能物流、智能农业、智慧旅游、智能医疗、智慧城市等模式和业态的创新，还带动智能运营、智能软件、智能硬件、智能机器人等新产品发展，泛在智能经济发展将初见雏形。人工智能将赋予信息物理系统（CPS）新的内涵，使之成为更具普遍性的人机协同系统。未来，万物互联必然带来网络的泛在、数据的泛在和应用需求的泛在，人工智能的应用场景将拓展到更多行业、更多领域、更多环节、更多层面，任何人、任何单位在任何时间、任何地点都能使用的泛在智能将加速实现，这也将进一步推动人工智能技术与实体经济各领域的深度融合。

在具体方向上，2021年，制造业将是人工智能应用场景最为丰富、最具潜力的领域，其应用需求贯穿制造业全生命周期，将成为未来人工智能融合应用的关键领域，人工智能与制造业的深度融合将在制造业更多环节、更多层面得到推广和深化，需求导向、痛点聚焦将成为人工智能与制造业融合的关键之一，人工智能产品和服务将落在具体的工业智能产品或具体行业领域的系统解决方案上，此外，由于大多数产业链企业还未从人工智能应用中大规模获取价值，因此安全性与投入产出比将成为制造企业应用人工能的重要决策依据，其附加值提升关键点将逐渐由设备价值挖掘转向用户价值挖掘。

第三节 场景赋能成为主旋律，典型场景将成为找融资重点

随着我国人工智能技术的逐渐成熟，应用模式与商业模式的成形，人工智能市场和产业发展将持续向好，截至 2020 年 6 月底，我国人工智能核心产业规模达 770 亿元，人工智能企业超过 2600 家，已成为全球独角兽企业主要集中地之一，"场景决定应用、应用决定市场、市场决定企业发展前景"的人工智能投融资逻辑进一步获得各界认可。预计 2021 年，人工智能领域细分化和专业化程度将进一步提升，人工智能应用广泛的商业化落地阶段来临，政府和市场对于与具体应用场景特别是与实体经济应用需求紧密结合的应用将更加关注。

具体而言，2021 年，地方政府对人工智能产业发展的热度将持续，地方扶持政策、举措等也将变得更加务实和具备可操作性，应用将成为政府关注和紧抓的重要内容，国内更多城市（群）将聚焦智能芯片、智能无人机、智能网联汽车、智能机器人等优势产业，面向医疗健康、金融、供应链交通、制造、家居、轨道交通等重点应用领域，积极构建符合本地优势和发展特点的人工智能深度应用场景，预计未来一年新零售、无人驾驶、医疗和教育等易落地的人工智能应用场景将更加受到资本关注。同时，由于中国在人工智能底层技术方面仍落后于美国，随着人工智能在中国的进一步发展，底层技术的投资热度将持续增长，那些拥有顶级科学家团队、雄厚科技基因的底层技术创业公司将获得资本市场的持续资金注入，资本市场的转变将推动人工智能更加强调理性，各大企业将扎根场景、深挖落地应用，使得人工智能产品真正"有用"。

第四节 新基建赋能各行各业，人工智能产业底层支撑持续提升

中央经济工作会议于 2018 年首次提出"新基建"这一概念，指出要发挥投资关键作用，加大制造业技术改造和设备更新，加快 5G 商用

步伐，加强人工智能、工业互联网、物联网等新型基础设施建设，此后已有 7 次中央级会议或文件明确表示加强新基建。2020 年 3 月 4 日，中共中央政治局常务委员会召开会议，提出加快 5G 网络、数据中心等新型基础设施建设进度，引发更大关注。新基建具有新时代的丰富内涵，既符合未来经济社会发展趋势，又适应中国当前社会经济发展阶段和转型需求，在补短板的同时将成为社会经济发展的新引擎，人工智能新基建对人工智能产业发展具有重大意义。预计 2021 年，围绕算法、数据和计算力等人工智能新基建的"三驾马车"，人工智能产业链建设力度将继续增大。

具体而言，在算力方面，2021 年，我国 5G 通信网络部署加速，接入物联网的设备将增加至 500 亿台，数据的增长速度越来越快，人工智能训练所需的计算量将进一步呈现指数级增长，相关行业对算力的需求将更为庞大，领先互联网公司大数据量将达到上千 PB，传统行业龙头型企业数据量将达到 PB 级，个人产生的数据达到 TB 级，GPU、ASIC、FPGA 等计算单元将成为支撑我国人工智能技术发展的底层硬件能力，围绕"三驾马车"开展的产业链建设力度将持续加强。在算法方面，Cafe 框架、CNTK 框架等分别针对不同新兴人工智能算法模型进行收集整合，可以大幅度提高算法开发的场景适用性，人工智能算法从 RNN、LSTM 到 CNN 过渡到 GAN 和 BERT 还有 GPT-3 等，不断涌现的新兴学习算法将在主流机器学习算法模型库中得到更高效的实现。

2019—2020 年，国内外人工智能产业继续保持迅猛发展势头，在产业链建设、政策推动、行业应用、投融资发展等方面取得新进展，同时也面临基础理论与关键技术亟待突破等问题，需要进一步加快创新，推动人工智能更加快速、稳健、持续发展。

就我国而言，2019—2020 年人工智能数据、算法、算力生态条件日益成熟，人工智能产业发展将迎来新一轮战略机遇，智能芯片、智能无人机、智能网联汽车、智能机器人等细分产业，以及医疗健康、金融、供应链、交通、制造、家居、轨道交通等重点应用领域发展势头良好。

技术创新篇

第三章

机器学习算法

第一节 总体发展概况

机器学习是指"计算机利用经验自动改善系统自身性能的行为",是一门多领域交叉学科,涉及概率论、统计学、逼近论、凸分析、算法复杂度理论等多门学科。简而言之,机器学习指的是计算机可以像人类学习新事物一样,在处理数据的过程中不断地分析规律性信息,获取新的知识和经验,找到更优性能的解决方案以提升系统性能和智能性。它是人工智能核心,是使计算机具有智能的根本途径,是机器智能化道路上迈出的重要一步。

一、发展历程

2016年3月15日,谷歌公司开发的人工智能机器 AlphaGo 以总比分 4:1 战胜围棋世界冠军李世石,轰动世界的"人机大战"落下帷幕。2017年1月4日,升级为 Master 的 AlphaGo,经过 7 天的"踢馆"大战,力克国际 60 位顶级围棋高手,再次掀起"腥风血雨"。事实上,早在 20 世纪 50 年代,人工智能便开始向人类发起挑战。当时来自 IBM 工程研究组的萨缪尔(Samuel)开发出一款跳棋程序,该程序能够在与人对弈的过程中,不断累积经验提升棋艺,并于 1959 年战胜了萨缪尔本人。应该说,无论是半个多世纪前的"跳棋对决",还是当前的"人机大战",推动人工智能发展的核心动力未曾改变,即计算科学的璀璨

明珠——机器学习。围棋仅是机器学习应用的极小方面，在过去半个多世纪里，机器学习经历了以下五个发展阶段。

第一阶段，是 20 世纪 40 年代的萌芽时期。在这一时期，心理学家 McCulloch 和数理逻辑学家 Pitts 引入生物学中的神经元概念，在分析神经元基本特性的基础上，提出"M-P 神经元模型"。在该模型中，每个神经元都能接收到来自其他神经元传递的信号，这些信号往往经过加权处理，再与接受神经元内部的阈值进行比较，经过神经元激活函数产生对应的输出。M-P 神经元模型主要具有以下特征：

① 每个神经元都是多输入输出的信息处理单元。

② 神经元之间的连接方式包括"兴奋"和"抑制"两种，当某个神经元处于"兴奋"状态时，便会向相连神经元发送信号并改变其"电位"。

③ 每个神经元需要整合所有输入信号并根据阈值决定是否"兴奋"起来，即神经元具有空间整合特性和阈值特性。当接受信号的神经元"电位"超过自身阈值时，便"兴奋"起来并重复信号发送过程。

④ 激活函数的选取应当视具体应用而定，主要分为连续型和非连续型。M-P 神经元模型是神经网络学习的基础，而后者则是机器学习中出现时间最早、应用时间最长的模型。

第二阶段，是 20 世纪 50 年代中叶至 60 年代中叶的热烈时期。尽管在萌芽阶段，神经元的运作过程得到明晰，但神经网络学习的高效运作需要依赖相关学习规则。热烈时期的标志正是经典学习规则的提出。早在 1949 年，心理学家 Hebb 便提出与神经网络学习机理相关的"突触修正"假设。其核心思想是当两个神经元同时处于兴奋状态时，两者的连接度将增强，基于该假设定义的权值调整方法被称为"Hebbian 规则"。由于 Hebbian 规则属于无监督学习，故在处理大量有标签分类问题时存在局限。1957 年，美国神经学家 Rosenblatt 提出了最简单的前向人工神经网络——感知器，开启了有监督学习的先河。感知器的最大特点是能够通过迭代试错解决二元线性分类问题。在感知器被提出的同时，求解算法也相应诞生，包括感知器学习法、梯度下降法和最小二乘法（Delta 学习规则）等。1962 年，Novikoff 推导并证明了在样本线性可分情况下，经过有限次迭代，感知器总能收敛，这为感知器学习规则的应用提供了理论基础。在热烈时期，感知器被广泛应用于文字、声音、信号识

别、学习记忆等领域。

第三阶段，是 20 世纪 60 年代中叶至 70 年代中叶的冷静时期。由于感知器结构单一，并且只能处理简单线性可分问题，故如何突破这一局限，成为理论界关注的焦点。在冷静时期，机器学习的发展几乎停滞不前。究其原因，主要在于：

① 理论匮乏是制约人工神经网络发展的关键因素。

② 随着现实问题难度提升，单层人工神经网络的应用局限越来越多。尽管这一时期出现了 Winston 的结构学习系统和 Roth 的逻辑归纳学习系统，但由于只能学习单一概念而未投入实际使用。

③ 计算机有限的内存和缓慢的处理速度使得机器学习算法的应用受到限制。与此同时，这一时期数据库的容量相对较小，数据规模的增大也使得单一机器学习算法效果失真。

④ 以 Minsky、Papert 等为代表的一批学者对感知器效果提出严重质疑。他们通过严密推导并出版著作（如 1969 年出版的《感知器》），来说明感知器应用失败的事实。

在此之后，多国停止了对神经网络研究的资助，这进一步加速了以感知器为核心的单层人工神经网络的衰败。

第四阶段，是 20 世纪 70 年代中叶至 80 年代末的复兴时期。1980 年，美国卡内基梅隆大学举办了首届机器学习国际研讨会，标志着机器学习在世界范围内的复兴。1986 年，机器学习领域的专业期刊 *Machine Learning* 面世，意味着机器学习再次成为理论及业界关注的焦点。在此复兴时期，机器学习领域的最大突破是人工神经网络种类的丰富，由此弥补了感知器单一结构的缺陷。1983 年，加州理工学院物理学家 Hopfield 采用新型的全互连神经网络，很好地解决了旅行商问题。1986 年，UCSD 的 Rumelhart 与 McClelland 合著《并行分布式处理：认知微结构的探索》一书，提出了应用于多层神经网络的学习规则——误逆差传播算法（BP 算法），推动了人工神经网络发展的第二次高潮。除了 BP 算法，包括 SOM（自组织映射）网络、ART（竞争型学习）网络、RBF（径向基函数）网络、CC（级联相关）网络、RNN（递归神经网络）、CNN（卷积神经网络）等在内的多种神经网络也在该时期得到迅猛发展。

第五阶段，是 20 世纪 90 年代后的多元发展时期。通过对前面四个

阶段的梳理可知，虽然每一阶段都存在明显的区分标志，但几乎都是围绕人工神经网络方法及其学习规则的衍变展开。事实上，除了人工神经网络，机器学习中的其他算法也在这些时期崭露头角。例如，1986年，澳大利亚计算机科学家罗斯·昆兰在 *Machine Learning* 上发表了著名的 ID3 算法，带动了机器学习中决策树算法的研究。20 世纪 90 年代，自 1995 年苏联统计学家瓦普尼克在 *Machine Learning* 上发表 SVM（支持向量机）起，以 SVM 为代表的统计学习便大放异彩，并迅速对符号学习的统治地位发起挑战。与此同时，集成学习与深度学习的提出，成为机器学习的重要延伸。集成学习的核心思想是通过多个基础学习器的结合来完成学习任务，最著名的是 Schapire 提出的 Boosting 算法、Freund 和 Schapire 提出的 AdaBoost 算法、Breiman 提出的 Bagging 算法以及 Breiman 提出的随机森林算法。进入 21 世纪后，在计算机硬件技术飞速发展，以及研究界和产业界巨大需求刺激下，Ruslan Salakhutdinov 和 Geoffrey Hinton 两位机器学习界泰斗提出了深度学习模型，开启了深度网络机器学习的新时代，围绕此技术的研究与应用开始急速发展，如图 3-1 显示，深度学习随训练数据的提升可有效增加预测准确率。随着后来在云计算、大数据和计算机硬件技术发展的支撑下，深度学习开始在各行各业取得前所未有的成就，一批批成功的商业应用也不断问市。其中具有代表性的应用有来自苹果的 Siri、微软的 Cortana 语音助手，各大支付应用推出的人脸识别认证技术，以及名扬全球的谷歌 AlphaGo 战胜顶尖人类围棋高手的人机大战事迹，标志着机器学习已经成为计算机科学中的一个重要领域。

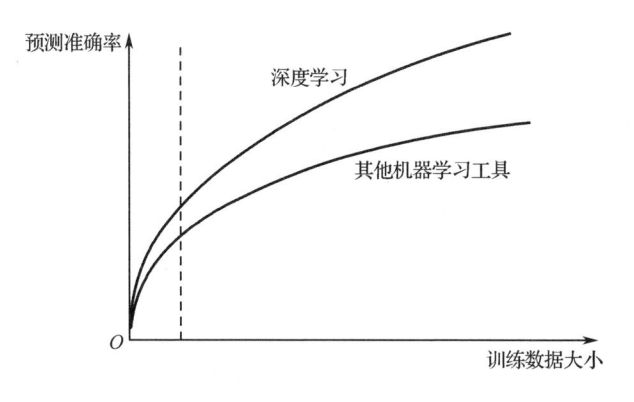

图 3-1 深度学习随训练数据的提升可有效增加预测准确率

二、算法分类

机器学习算法可以分为有监督学习、无监督学习、强化学习3种类型。半监督学习可以认为是有监督学习与无监督学习的结合。有监督学习通过训练样本学习得到一个模型，然后用这个模型进行推理。例如，我们如果要识别各种水果的图像，则需要用人工标注的样本进行训练，得到一个模型，接下来，就可以用这个模型对未知类型的水果进行判断，这称为预测。如果只是预测一个类别值，则称为分类问题；如果要预测出一个实数，则称为回归问题，如根据一个人的学历、工作年限、所在城市、行业等特征来预测这个人的收入。

无监督学习则没有训练过程，给定一些样本数据，让机器学习算法直接对这些数据进行分析，得到数据的某些知识。其典型代表是聚类，例如，我们抓取了1万个网页，要完成对这些网页的归类，在这里，我们并没有事先定义好的类别，也没有已经训练好的分类模型。聚类算法要自己完成对这1万个网页的归类，保证同一类网页是同一个主题的，不同类型的网页是不一样的。无监督学习的另外一类典型算法是数据降维，它将一个高维向量变换到低维空间中，并且要保持数据的一些内在信息和结构。

强化学习是一类特殊的机器学习算法，算法要根据当前的环境状态确定一个动作来执行，然后进入下一个状态，如此反复，目标是让得到的收益最大化。如围棋游戏就是典型的强化学习问题，在每个时刻，要根据当前的棋局决定在什么地方落棋，然后进行下一个状态，反复的放置棋子，直到赢得或者输掉比赛。这里的目标是尽可能赢得比赛，以获得最大的奖励。

三、主流算法

（1）支持向量机算法（Support Vector Machine）

支持向量机算法（SVM）可能是目前最流行、讨论最多的机器学习算法之一，图3-2为支持向量机算法示意图。超平面是一条对输入变量空间进行划分的"直线"。支持向量机算法会选出一个将输入变量空间中的点按类（类 0 或类 1）进行最佳分割的超平面。在二维空间中，你可以把他想象成一条直线，假设所有输入点都可以被这条直线完全地划分开来。SVM 学习算法旨在寻找最终通过超平面得到最佳类别分割的系数。超平面与最近数据点之间的距离叫作间隔（margin）。能够将两个类分开的最佳超平面是具有最大间隔的直线。只有这些点与超平面的定义和分类器的构建有关，这些点叫作支持向量，它们支持或定义超平面。在实际应用中，人们采用一种优化算法来寻找使间隔最大化的系数值。

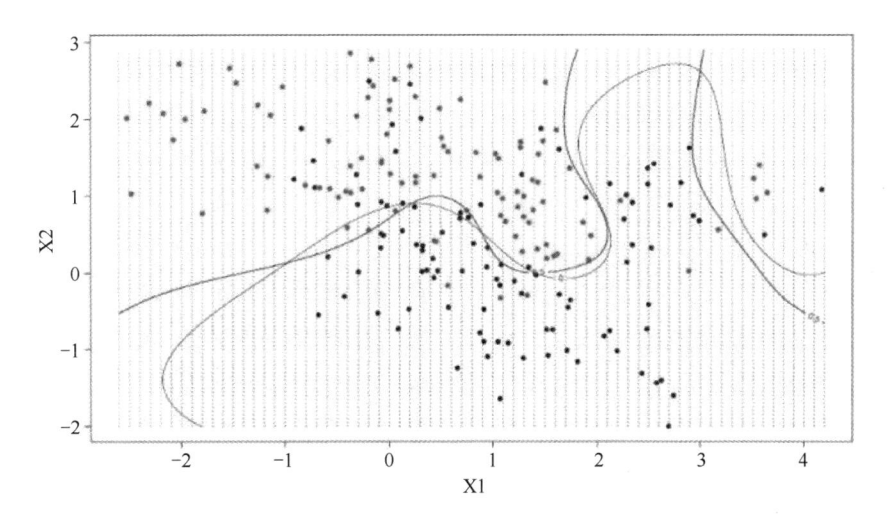

图 3-2 支持向量机算法示意图

（2）线性回归算法（Linear Regression）

在统计学和机器学习领域，线性回归算法可能是最广为人知也最易理解的算法之一，如图 3-3 为线性回归算法示意图。预测建模主要关注的是在牺牲可解释性的情况下，尽可能最小化模型误差或做出最准确的预测。我们将借鉴、重用来自许多其他领域的算法来实现这些目标。线性回归模型被表示为一个方程式，它为输入变量找到特定的权重（即系数 B），进而描述一条最佳拟合了输入变量（x）和输出变量（y）之间关系的直线。

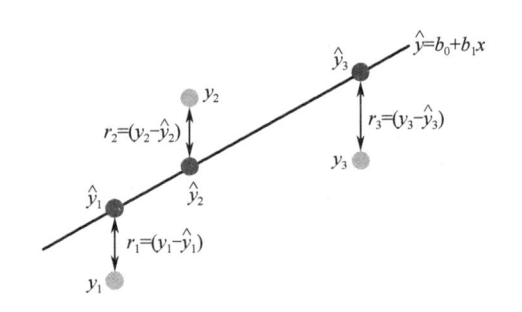

图 3-3　线性回归算法示意图

（3）逻辑回归算法（Logistic Regression）

逻辑回归是机器学习从统计学领域借鉴过来的另一种技术，图 3-4 为逻辑回归算法示意图。它是二分类问题的首选方法，像线性回归一样，Logistic 回归的目的也是找到每个输入变量的权重系数值。但不同的是，Logistic 回归的输出预测结果是通过一个叫作"logistic 函数"的非线性函数变换而来的。logistic 函数的形状看起来像一个大的"S"，它会把任何值转换至 0～1 区间内。这十分有用，因为我们可以把一个规则应用于 logistic 函数的输出，从而得到 0～1 区间内的捕捉值，并预测类别的值。

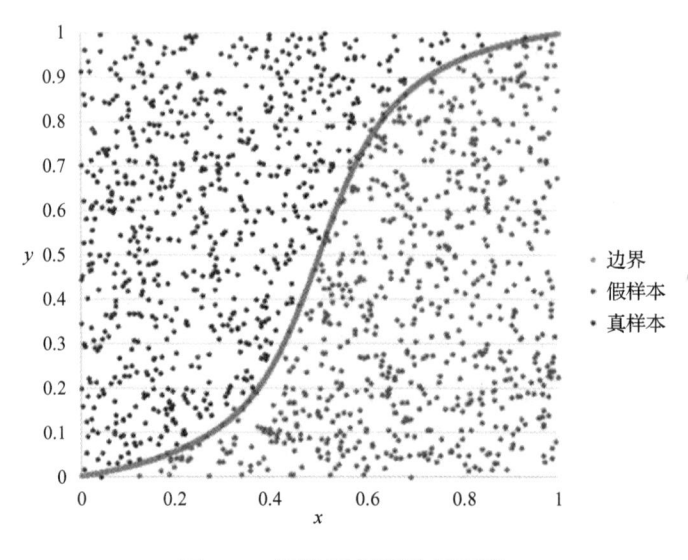

图 3-4　逻辑回归算法示意图

（4）线性判别算法

线性判别算法是一种传统的分类算法，它的使用场景仅限于二分类问题，图 3-5 为线性判别算法示意图。如果你有两个以上的类，那么线性判别算法（LDA）是首选的线性分类技术。LDA 的表示方法非常直接。它包含为每个类计算的数据统计属性。对于单个输入变量而言，这些属性包括每个类的均值和所有类的方差。线性判别分析预测结果是通过计算每个类的判别值、并将类别预测为判别值最大的类而得出的。该技术假设数据符合高斯分布，因此最好预先从数据中删除异常值。LDA 是一种简单而有效的分类预测建模方法。

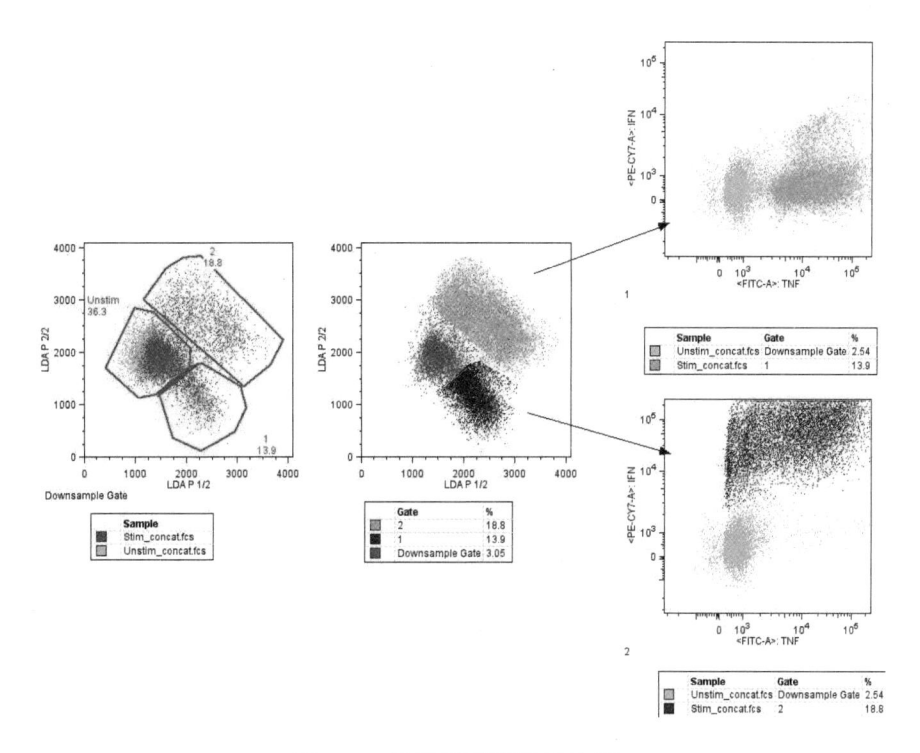

图 3-5　线性判别算法示意图

（5）最近邻居/K-近邻算法（K-Nearest Neighbors）

K-近邻算法（KNN）是非常简单而有效的，图 3-6 为 K-近邻算法示意图。KNN 的模型表示就是整个训练数据集。对新数据点的预测结果是通过在整个训练集上搜索与该数据点最相似的 K 个实例（近邻）

并且总结这 K 个实例的输出变量而得出的。对于回归问题来说，预测结果可能就是输出变量的均值；而对于分类问题来说，预测结果可能是众数的类的值。关键之处在于如何判定数据实例之间的相似程度。如果你的数据特征尺度相同，那么最简单的度量技术就是使用欧几里得距离，你可以根据输入变量之间的差异直接计算出该值。

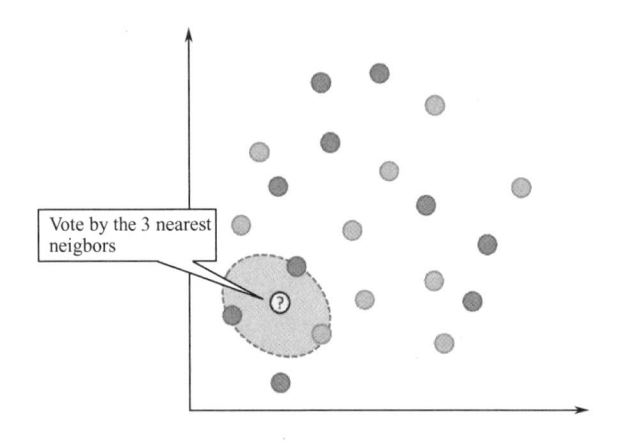

图 3-6　K-近邻算法示意图

（6）K-平均算法（K-Means）

K-平均算法是一种无监督学习算法，为聚类问题提供了一种解决方案，图 3-7 为 K-平均算法示意图。K-Means 算法把 n 个点划分到 k 个集群，使得每个点都属于离他最近的均值对应的集群。重复上述过程一直持续到重心不改变。

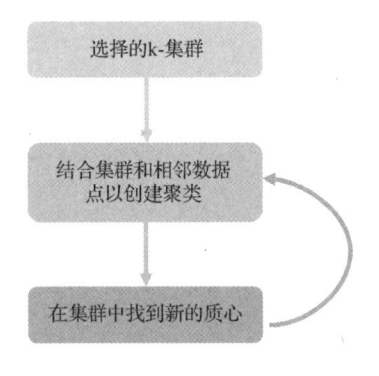

图 3-7　K-平均算法示意图

（7）决策树算法（Decision Tree）

决策树是一类重要的机器学习预测建模算法，图 3-8 为决策树算法示意图。决策树可以被表示为一棵二叉树。这种二叉树与算法设计和数据结构中的二叉树是一样的，没有什么特别。每个节点都代表一个输入变量（x）和一个基于该变量的分叉点。决策树的叶子结点包含一个用于做出预测的输出变量（y）。预测结果是通过在树的各个分叉路径上游走，直到到达一个叶子结点并输出该叶子结点的类别值而得出。决策树的学习速度很快，做出预测的速度也很快。它们在大量问题中往往都很准确，而且不需要为数据做任何特殊的预处理准备。

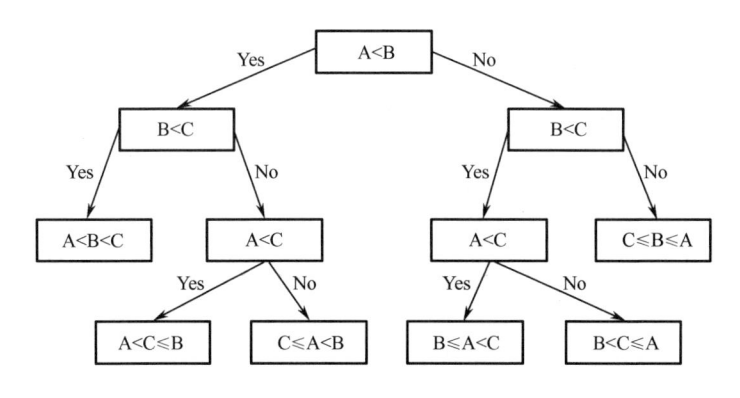

图 3-8　决策树算法示意图

（8）朴素贝叶斯算法（Naive Bayes）

朴素贝叶斯是一种简单而强大的预测建模算法，图 3-9 为朴素贝叶斯算法示意图。该模型由两类可直接从训练数据中计算出来的概率组成：①数据属于每一类的概率；②给定每个 x 值，数据从属于每个类的条件概率。一旦这两个概率被计算出来，就可以使用贝叶斯定理，用概率模型对新数据进行预测。当你的数据是实值的时候，通常假设数据符合高斯分布（钟形曲线），这样你就可以很容易地估计这些概率。朴素贝叶斯之所以被称为"朴素"，是因为它假设每个输入变量相互之间是独立的。这是一种很强的、对于真实数据并不现实的假设。不过，该算法在大量的复杂问题中十分有效。

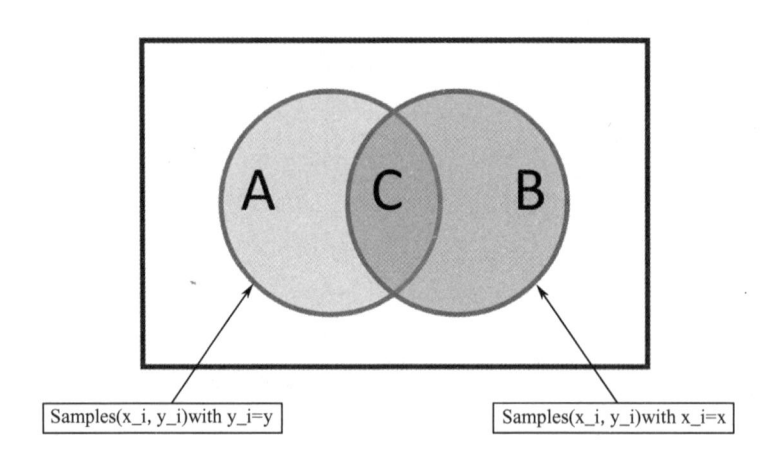

图 3-9　朴素贝叶斯算法示意图

(9) 随机森林算法 (Random Forest)

随机森林算法是最流行也是最强大的机器学习算法之一，它是一种集成机器学习算法，图 3-10 为随机森林算法示意图。自助法是一种从数据样本中估计某个量的强大统计学方法，你需要在数据中取出大量的样本，计算均值，然后对每次取样计算出的均值再取平均，从而得到对所有数据的真实均值更好的估计。Bagging 使用了相同的方法。但是最常见的做法是使用决策树，而不是对整个统计模型进行估计。Bagging 会在训练数据中取多个样本，然后为每个数据样本构建模型。当你需要对新数据进行预测时，每个模型都会产生一个预测结果，Bagging 会对所有模型的预测结果取平均值，以便更好地估计真实的输出值。随机森林算法是这种方法的改进，它会创建决策树，这样就不用选择最优分割点，而是通过引入随机性来进行次优分割。因此，为每个数据样本创建的模型比在其他情况下创建的模型更加独特，但是这种独特的方式仍能保证较高的准确率。结合它们的预测结果可以更好地估计真实的输出值。如果使用具有高方差的算法获得了良好的结果，那么通常可以通过该算法来获得更好的结果。

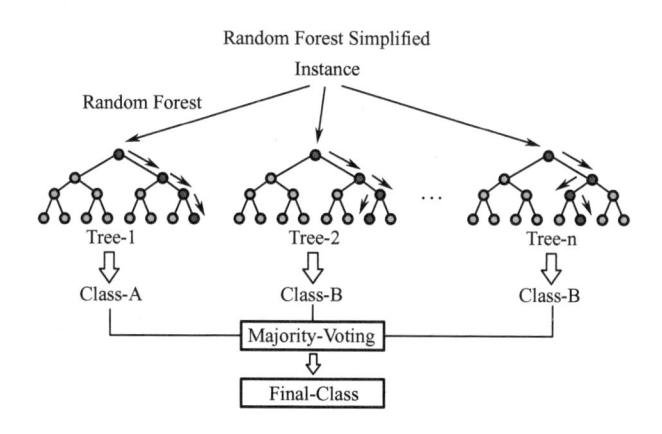

图 3-10　随机森林算法示意图

（10）Boosting（增强算法）

Boosting 是一种集成技术，它试图集成一些弱分类器来创建一个强分类器，图 3-11 为增强算法示意图。它通过从训练数据中构建一个模型，然后创建第二个模型尝试纠正第一个模型的错误来完成。一直添加模型直到能够完美预测训练集，或添加的模型数量已经达到最大数量。AdaBoost 是第一个为二分类开发的真正成功的 Boosting 算法。这是理解 Boosting 的最佳起点。现代 Boosting 算法建立在 AdaBoost 之上，最显著的是随机梯度提升。AdaBoost 与短决策树一起使用。在第一个决策树创建之后，利用每个训练实例上树的性能来衡量下一个决策树应该对每个训练实例付出多少注意力。难以预测的训练数据被分配更多权重，而容易预测的数据分配的权重较少。依次创建模型，每个模型在训练实例上更新权重，影响序列中下一个决策树的学习。在所有决策树建立之后，对新数据进行预测，并且通过每个决策树在训练数据上的精确度评估其性能。因为在纠正算法错误上投入了太多注意力，所以具备已删除异常值的干净数据非常重要。

（11）降维算法（Dimensional Reduction）

在机器学习和统计学领域，降维是指在限定条件下，降低随机变量个数，得到一组"不相关"主变量的过程，并可进一步细分为特征选择和特征提取两大方法，图 3-12 为降维算法示意图。一些数据集可能包

含许多难以处理的变量。特别是在资源丰富的情况下，系统中的数据将非常详细。在这种情况下，数据集可能包含数千个变量，其中大多数变量也可能是不必要的，几乎不可能确定我们预测影响的最大变量。此时，我们需要使用降维算法，降维的过程中也可能需要用到其他算法，例如借用随机森林、决策树算法来识别最重要的变量。

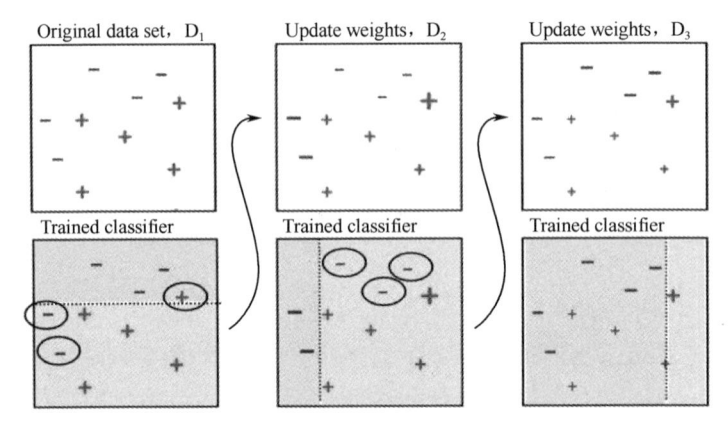

图 3-11 增强算法示意图

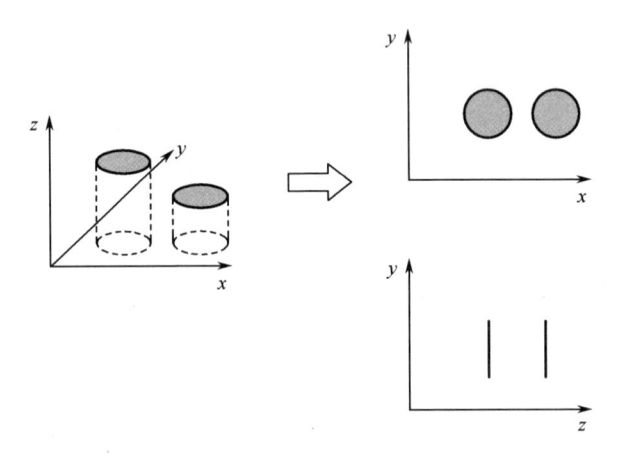

图 3-12 降维算法示意图

第二节　创新进展

机器学习算法创新进展见表 3-1。

表 3-1　机器学习算法创新进展

创新类别	创新领域	创新简介
应用创新	心血管疾病	当前医生对心血管疾病的诊断主要依赖对患者心血管影像的分析，同时，医生还需要考虑患者的各项生理健康指标、既往病史、生活环境等信息，该方法存在效率低和成本高等问题。因此，人们试图利用机器学习方法辅助心血管疾病的诊断。机器学习可以在冠状动脉计算机断层扫描、超声心动图、心电图等多种心血管影像处理中起到有效应用，且已经可以媲美专业医生的水平。但目前该方法仍面临医学数据难以大量采集、医学成像信噪比低等困难。未来的研究方向应在小样本诊断模型的性能、多模态医学数据的融合、医学数据的共享等方面继续改进
	抑郁症	抑郁症患者疾病意识的不足以及早期筛查方法的缺乏导致患者在被诊断时大多已发展至重性抑郁障碍。为改善现状，近年来机器学习被逐渐应用到抑郁症的早期预测、早期识别、辅助诊断和治疗决策中。在应用中，机器学习模型准确性的影响因素包括样本集种类及规模、特征工程、算法类型等。建议未来将机器学习进一步融入医疗健康系统和移动应用程序等，不断优化机器学习模型，通过充分挖掘患者健康数据来改善抑郁症的预防、识别、诊断和治疗等相关问题
	材料信息	面对巨大的材料设计空间，基于理论研究、实验分析以及计算仿真的传统方法已经跟不上高性能新材料的发展需求。近年来，材料数据库与机器学习的结合带动了材料信息学的进步，推动了材料科学的发展。当前，运用数据驱动的机器学习算法建立材料性能预测模型，然后将其应用于材料筛选与新材料开发的研究引起了学者们的广泛关注。利用机器学习框架搭建材料研究设计平台对材料大数据资源进行分析与预测，成为开发新型材料的重要手段

续表

创新类别	创新领域	创新简介
应用创新	材料信息	将机器学习运用于材料科学面临一系列困难，包括根据预测对象确定材料特征的计算或自动抽取，不同精度的实验与计算数据的获取与预处理；选取或者开发合适的机器学习预测模型和训练算法；估计预测效果与预测性能的可靠性；处理材料机器学习问题所独有的小数据、异构数据、非平衡数据等特性。目前研究的焦点是针对不同的材料性能，收集相关的数据集，基于物理原理构造特征表示来训练机器学习模型，并将机器学习的最新技术用于材料信息学。 现阶段机器学习已经被应用于光伏、热电、半导体、有机材料等几乎所有的材料设计领域。通过采用机器学习算法训练材料性能的预测模型，并将其用于筛选现有材料数据库或者搜索新的材料，大大加快了新材料发现的过程。目前，国内外科学家借助统计推理与机器学习算法开展了一系列研究，开发了适合预测不同材料属性的多种材料表征方法，应用了包括深度学习、贝叶斯网络等最新机器学习与人工智能方法，在多类功能材料设计领域取得了突破性成果
	经济学研究	经济学中机器学习的应用近几年获得了长足发展，无论在数据生成、预测还是因果识别等诸多方面都得到应用。目前机器学习的贡献主要在于提供更多变量生成以及预测工具，就数据生成来说，机器学习一方面提高了数据搜集和整理的生产率，将以前需要通过庞大人力及大量时间才能生成的变量通过以机器学习算法辅助的方式自动生成；另一方面通过机器学习手段可以将图像与文本进行量化，增加了经济学研究的数据来源。目前国内社交媒体逐步开放大数据获取更进一步凸显了机器学习在变量生成上的优势
	智能会计	"大智移云"时代，新兴信息技术正在不断颠覆传统并持续为企业的创新实践赋能，变革已成为企业经营管理新常态。其中，以机器学习为核心的人工智能技术能够自主深入挖掘现有海量数据的内在价值，预测未知，有效驱动企业财务管理，实现数字化、智能化转型，并与业务发展紧密交融。从会计引擎角度切入，机

续表

创新类别	创新领域	创新简介
应用创新	智能会计	器学习可以在财务会计和管理会计两个不同层面对企业财务的智能化革新。研究表明，经机器学习再造的智能会计引擎将成为集高效率财务核算流程与多维度财务管理职能于一身的独立性平台工具，为企业业务与财务的顺利衔接与深度融合增添助力；国家政策和其他新兴技术的支持使得机器学习在智能时代对会计引擎的重塑充满机遇
	地球化学	地球化学勘查是通过发现异常、解释评价异常进行找矿的。因此，地球化学异常识别对矿产资源的定位、定量预测具有重要的指示作用。在大数据时代的背景下，机器学习方法不要求数据满足正态分布的分布形式，且具有非线性以及泛化能力强等特点，因而逐渐地被应用于矿产资源的定量预测评价，如神经网络、支持向量机、贝叶斯网络、随机森林、受限玻尔兹曼机、极限学习机等
	酶定向进化	大规模数据收集大幅提升了机器学习算法的性能，实现了经济效益和社会效益的共赢，但也令个人隐私保护面临更大的风险与挑战。机器学习的训练模式主要分为集中学习和联邦学习两类，前者在模型训练前需统一收集各方数据，尽管易于部署，却存在极大数据隐私与安全隐患；后者实现了将各方数据保留在本地的同时进行模型训练，但该方式目前正处于研究的起步阶段，无论在技术还是部署中仍面临诸多问题与挑战。现有的隐私保护技术研究大致分为两条主线，即以同态加密和安全多方计算为代表的加密方法和以差分隐私为代表的扰动方法，二者各有利弊
	社会预测	社会学是对社会行动提供诠释和反事实因果解释的科学。社会学定量研究的因果性解释，必须能够作为预测社会现象的基础。受到数据和算力限制，多年来社会学定量研究的主要取径是通过统计检验实现关联和因果分析，而无力进行预测。通过机器学习方法实现社会预测的科学原理和当代路径，利用机器学习实现社会预测，是中国社会学特别是计算社会学引领国际前沿的重要契机，对于加快构建中国特色哲学社会科学具有重要意义

续表

创新类别	创新领域	创新简介
算法创新	平均差异最大的分布强化学习	分布强化学习（RL）在 Atari 游戏中取得了最先进的性能，通过重新将传统的 RL 转化为分布估计问题，明确地估计概率分布而不是总回报的期望。分布 RL 的瓶颈在于这种对于分布的估计，其中必须诉诸于回报分布的近似表示，而回报分布是无限维的。大多数现有的方法侧重于学习一组预先定义的回报分布的统计函数，需要涉及的投影来维护次序统计。最新算法采用不同的观点，使用确定性抽样，在其中使用近似的回报分布与一组确定性粒子，不附加任何预定义的统计函数，使其可以自由近似的回报分布。学习的过程被解释为这些粒子的进化，使返回分布和目标分布之间的距离最小。这一学习目标是通过最大平均差异（MMD）距离来实现的，而最大平均差异（MMD）距离又会导致更简单的损失，从而服从反向传播。在 Atari2600 系列游戏上的实验表明，此算法优于标准的分布 RL 基线，并在 Atari 游戏的非分布代理中创造了新的记录
	在不受任务干扰的增量多任务学习中重新参数化卷积	多任务网络通常用于缓解对大量高度专门化的单任务网络的需求。然而，文献中经常忽略了开发多任务模型的两个常见挑战。首先，使模型本质上是递增的，不断地从新的任务中合并信息，而不会忘记以前学习过的（增量学习）。其次，消除任务之间的不利交互作用，在多任务环境中，这种交互作用会显著降低单任务的性能（任务干扰）。这两种情况都可以通过简单地将标准神经网络结构的卷积重新参数化为不可训练的共享部分（滤波器组）和特定任务部分（调制器）来实现，其中每个调制器都有一部分滤波器组参数。因此，重新参数化使模型能够在不影响现有任务性能的情况下学习新任务，烧蚀研究结果证明了所提出的再参数化的有效性。此外，我们的方法在两个具有挑战性的多任务学习基准，PASCAL-Context 和 NYUD 上达到了最先进的水平，并且与它的竞争对手相比，也展示了优越的增量学习能力

续表

创新类别	创新领域	创新简介
算法创新	MaxDropout：基于最大输出值的深度神经网络正则化	深度学习场景中出现了不同的技术，例如卷积神经网络、深度信仰网络和长短期记忆网络。在锁步中，正对通过惩罚配重连接或关闭某些单元来防止过度拟合的正则化方法进行了广泛的研究。我们提出了一种称为 MaxDropout 的新颖方法，这是一种用于深度神经网络模型的正则化器，它通过移除每个隐藏层中的突出神经元以监督方式工作。该模型迫使较少的激活单元学习更多的代表性信息，从而提供稀疏性。实验表明，当用 MaxDropout 代替 Dropout 时，可以改善现有的神经网络并在神经网络中提供更好的结果。在图像分类中对提出的方法进行了评估，获得了与现有的正则化方法相当的结果，并且通过用 MaxDropout 替换现有层来提高使用 Dropout 神经网络的准确性

第三节 产业发展特点与展望

机器学习虽然取得了长足的进步，也解决了很多实际问题，但客观地讲，机器学习领域仍然存在着巨大挑战。首先，主流的机器学习技术是黑箱技术，这让我们无法预知暗藏的危机，为解决这个问题，我们需要让机器学习具有可解释性、可干预性。其次，目前主流的机器学习的计算成本很高，亟待发明轻量级的机器学习算法。另外，在物理、化学、生物、社会科学中，人们常常用一些简单而美的方程来描述表象背后的深刻规律。那么在机器学习领域，我们是否也能追求到简单而美的规律？如此的挑战还有很多，不过我们对于这个领域未来的发展仍然充满信心。以下，我们将对未来十年的若干研究热点进行展望。

可解释的机器学习。以深度学习为代表的各种机器学习技术方兴未艾，取得了举世瞩目的成功。机器和人类在很多复杂认知任务上的表现已在伯仲之间。然而，在解释模型为什么奏效及如何运作方面，目前学界的研究还处于非常初级的阶段。大部分机器学习技术，尤其是基于统计的机器学习技术，高度依赖基于数据相关性习得的概率化预测和分析。相反，理性的人类决策更依赖于清楚可信的因果关系，这些因果关

系由真实清楚的事实缘由和逻辑正确的规则推理得出。从利用数据相关性来解决问题，过渡到利用数据间的因果逻辑来解释和解决问题，是可解释性机器学习需要完成的核心任务之一。

轻量机器学习和边缘计算。边缘计算（Edge Computing）指的是在网络边缘节点处理、分析数据。而边缘节点指的是在数据产生源头和云计算中心之间具有计算资源和网络资源的节点，比如手机就是人与云计算中心之间的边缘节点，而网关则是智能家居和云计算中心之间的边缘节点。在理想环境下，边缘计算指的是在数据产生源附近分析、处理数据，降低数据的流转，进而减少网络流量和响应时间。随着物联网的兴起以及人工智能在移动场景下的广泛应用，机器学习与边缘计算的结合就显得尤为重要。

量子机器学习。量子机器学习（Quantum ML）是量子计算和机器学习的交叉学科。量子计算机利用量子相干和量子纠缠等效应来处理信息，这和经典计算机有着本质的差别。目前量子算法已经在若干问题上超过了最好的经典算法，我们称之为量子加速。当量子计算遇到机器学习，可以是个互利互惠、相辅相成的过程。一方面我们可以利用量子计算的优势来提高经典的机器学习算法的性能，如在量子计算机上高效实现经典计算机上的机器学习算法。另一方面，我们也可以利用经典计算机上的机器学习算法来分析和改进量子计算系统。

社会机器学习。机器学习的目的是模拟人类的学习过程。机器学习虽然取得很大的成功，但是到目前为止，它忽视了一个重要因素，也就是人的社会属性。社会是由亿万个人类个体构成的，社会机器学习也应该是一个由机器学习智能体构成的体系。每一个机器学习算法除了按照现在的机器学习方法获取数据的规律，还参与社会活动。它们会联合其他的机器学习智能体按照社会机制积极获取信息、分工、合作、获得社会酬劳。与此同时，它们会总结经验、学习知识、相互学习来调整行为。由于社会属性是人类的本质属性，社会机器学习也将会是我们利用机器学习从获取人工智能到获取社会智能的重要方向。

第四章

自然语言识别与处理技术

第一节 总体发展概况

自然语言处理（Natural Language Processing）是人工智能的一个子领域，指机器理解并解释人类写作与说话方式的能力。微软创始人比尔·盖茨曾经表示，"语言理解是人工智能领域皇冠上的明珠"。它研究能实现人与计算机之间用自然语言进行有效通信的各种理论和方法。自然语言处理是一门融语言学、计算机科学、数学于一体的科学。因此，这一领域的研究将涉及自然语言，即人们日常使用的语言，所以它与语言学的研究有着密切的联系，但又有重要的区别。自然语言处理并不是一般地研究自然语言，而在于研制能有效实现自然语言通信的计算机系统，特别是其中的软件系统。因而它是计算机科学的一部分。自然语言处理主要应用于机器翻译、舆情监测、自动摘要、观点提取、文本分类、问题回答、文本语义对比、语音识别、中文 OCR 等方面。

一、发展历史

自然语言处理大体是从 20 世纪 50 年代开始的，1950 年，图灵发表论文"计算机器与智能"，提出现在所谓的"图灵测试"作为判断智能的条件。

1954 年的乔治城实验涉及超过 60 句俄文全部自动翻译成为英文。研究人员声称三到五年之内即可解决机器翻译的问题。不过实际进展远

低于预期，1966 年的 ALPAC 报告发现十年研究未达预期目标，机器翻译的研究经费遭到大幅削减。一直到 20 世纪 80 年代末期，统计机器翻译系统发展出来，机器翻译的研究才得以更上一层楼。

20 世纪 60 年代发展特别成功的自然语言处理系统包括 SHRDLU——一个词汇设限、运作受限如"积木世界"的一种自然语言系统，以及 1964—1966 年约瑟夫·维森鲍姆模拟"个人中心治疗"而设计的 ELIZA——几乎未运用人类思想和感情的消息，有时候却能呈现令人讶异地类似人之间的交互。"病人"提出的问题超出 ELIZA 极小的知识范围时，可能会得到空泛的回答。例如问题是"我的头痛"，回答是"为什么说你头痛？"

20 世纪 70 年代，程序员开始设计"概念本体论"（conceptual ontologies）的程序，将现实世界的信息，架构成电脑能够理解的资料。实例有 MARGIE、SAM、PAM、TaleSpin、QUALM、Politics 及 Plot Unit，许多聊天机器人在这一时期写成了包括 PARRY、Racter 及 Jabberwacky。

一直到 20 世纪 80 年代，多数自然语言处理系统是以一套复杂、人工制定的规则为基础。不过从 20 世纪 80 年代末期开始，语言处理引进了机器学习的算法，自然语言处理产生了革新。原因有两个：运算能力稳定增加，以及乔姆斯基语言学理论渐渐丧失主导。该理论的架构不倾向于语料库——机器学习处理语言所用方法的基础。有些最早期使用的机器学习算法，例如决策树，是硬性的、"如果-则"规则组成的系统，类似当时既有的人工制定的规则。不过词性标记将隐马尔可夫模型引入自然语言处理，并且研究日益聚焦于软性的、以几率做决定的统计模型，基础是将输入资料里每一个特性赋予代表其分量的数值。许多语音识别现今依赖的缓存语言模型即是一种统计模型的例子。这种模型通常足以处理非预期的输入数据，尤其是输入有错误，并且在集成到包含多个子任务的较大系统时，结果比较可靠。

许多早期的成功属于机器翻译领域，尤其归功 IBM 的研究，逐渐发展出更复杂的统计模型。这些系统得以利用加拿大和欧盟现有的语料库，因为其法律规定政府的会议必须翻译成所有的官方语言。不过，其他大部分系统必须特别打造自己的语料库，一直到现在这都是限制其成功的一个主要因素，于是大量的研究致力于从有限的数据更有效地学习。

近来的研究更加聚焦于非监督式学习和半监督学习的算法。这种算法，能够从没有人工注解理想答案的资料里学习。大体而言，这种学习比监督学习困难，并且在同量的数据下，通常产生的结果较不准确。不过没有注解的数据量极巨，弥补了较不准确的缺点。

近年来，深度学习技巧纷纷出炉在自然语言处理方面获得最尖端的成果，例如语言模型、语法分析等。

二、关键概念和技术

（1）信息抽取

信息抽取是将嵌入在文本中的非结构化信息提取并转换为结构化数据的过程，从自然语言构成的语料中提取出命名实体之间的关系，是一种基于命名实体识别更深层次的研究。信息抽取的主要过程有三步：首先对非结构化的数据进行自动化处理，其次是针对性的抽取文本信息，最后对抽取的信息进行结构化表示。信息抽取最基本的工作是命名实体识别，而核心在于对实体关系的抽取。

（2）自动文摘

自动文摘是利用计算机按照某一规则自动地对文本信息进行提取、集合成简短摘要的一种信息压缩技术，旨在实现两个目标：首先使语言的简短，其次要保留重要信息。

（3）语音识别技术

语音识别技术就是让机器通过识别和理解过程把语音信号转变为相应的文本或命令的技术，也就是让机器听懂人类的语音，其目标是将人类语音中的词汇内容转化为计算机可读的数据。要做到这些，首先必须将连续的讲话分解为词、音素等单位，还需要建立一套理解语义的规则。语音识别技术从流程上讲有前端降噪、语音切割分帧、特征提取、状态匹配几个部分。而其框架可分成声学模型、语言模型和解码三个部分。

（4）Transformer 模型

Transformer 模型在 2017 年由谷歌团队首次提出。Transformer 模型是一种基于注意力机制来加速深度学习算法的模型，模型由一组编码器和一组解码器组成，编码器负责处理任意长度的输入并生成其表达，解码器负责把新表达转换为目的词。Transformer 模型利用注意力机制获

取所有其他单词之间的关系，生成每个单词的新表示。Transformer 模型的优点是注意力机制能够在不考虑单词位置的情况下，直接捕捉句子中所有单词之间的关系。模型抛弃之前传统的 encoder-decoder 模型必须结合 RNN 或者 CNN（Convolutional Neural Networks，CNN）的固有模式，使用全 Attention 的结构代替 LSTM，减少计算量和提高并行效率的同时不损害最终的实验结果。但是此模型也存在缺陷。首先此模型计算量太大，其次还存在位置信息利用不明显的问题，无法捕获长距离的信息。

（5）基于传统机器学习的自然语言处理技术

自然语言处理可将处理任务进行分类，形成多个子任务，传统的机器学习方法可利用 SVM（支持向量机模型）、Markov（马尔科夫模型）、CRF（条件随机场模型）等方法对自然语言中多个子任务进行处理，进一步提高处理结果的精度。但是，从实际应用效果上来看，仍存在着以下不足：

① 传统机器学习训练模型的性能过于依赖训练集的质量，需要人工标注训练集，降低了训练效率。

② 传统机器学习模型中的训练集在不同领域应用会出现差异较大的应用效果，削弱了训练的适用性，暴露出学习方法单一的弊端。若想让训练数据集适用于多个不同领域，则要耗费大量人力资源进行人工标注。

③ 在处理更高阶、更抽象的自然语言时，机器学习无法人工标注出这些自然语言特征，使得传统机器学习只能学习预先制定的规则，而不能学规则之外的复杂语言特征。

（6）基于深度学习的自然语言处理技术

深度学习是机器学习的一大分支，在自然语言处理中需应用深度学习模型，如卷积神经网络、循环神经网络等，通过对生成的词向量进行学习，以完成自然语言分类、理解的过程。与传统的机器学习相比，基于深度学习的自然语言处理技术具备以下优势：

① 深度学习能够以词或句子的向量化为前提，不断学习语言特征，掌握更高层次、更加抽象的语言特征，满足大量特征工程的自然语言处理要求。

② 深度学习无须专家人工定义训练集，可通过神经网络自动学习

高层次特征。

三、发展现状

自然语言处理在近两年基本形成了一套近乎完备的技术体系，包括词嵌入、句子嵌入、编码-解码、注意力模型、Transformer，以及预训练模型等，促进了自然语言处理在搜索、阅读理解、机器翻译、文本分类、问答、对话、聊天、信息抽取、文摘、文本生成等重要领域的应用，预示着自然语言处理进入了大规模工业化实施的时代。与此同时，随着机器软硬件能力的提升，模型、算法的突破，语音合成、语音识别、语音增强也有了突飞猛进的发展，如微软亚洲研究院的 FastSpeech、PHASEN，让机器语音越来越接近人类说话，进一步加速了相关语音产品的落地。

近年来，随着深度学习的研究和应用逐渐深入，自然语言处理也开始和深度学习结合应用，但目前研究工作尚处于起步阶段，尽管已有的深度学习算法模型如循环神经网络、递归神经网络和卷积神经网络等已经有较为显著的应用，但还没有重大突破。围绕适合自然语言处理领域的深度学习模型构建等研究应该有着非常广阔的空间。在当前已有的深度学习模型研究中，难点是在模型构建过程中参数的优化调整方面。主要有深度网络层数、正则化问题及网络学习速率等，可能的解决方案如：采用多核机提升网络训练速度，针对不同应用场合，选择合适的优化算法等。

第二节　创新进展

自然语言识别与处理技术创新进展见表 4-1。

表 4-1　自然语言识别与处理技术创新进展

创新领域	创新简介
医学报告	当自然语言处理技术日新月异，其在医疗器械研究领域的进驻，不仅改变了医学工作者的工作模式，更有价值的是开启了从源头"根治"医疗原始数据的新时代，进而使早期的精确识别向如今的模糊识别发展，

续表

创新领域	创新简介
医学报告	在此基础上，医疗数据信息在录入后的自动导出和分类展示，基于人机交互的问诊系统开发、临床评分等，都使自然语言处理技术在医学领域的地位越来越重要。随着技术的不断完善，系统经过对医学数据的深度学习之后，也必将推动自然语言处理在医学领域中的应用方向，从现在的辅助"展示"阶段、代替处理阶段至将来的"发现"并进行"预警"阶段，也是医疗领域发展的重大变革
故障报告	为掌握故障应急事故发生情况，采取有效的防控方案，需对故障应急事故实施常规分析，各级故障应急事故管理单位需依据相关标准，结合当前监测数据对故障应急事故实施分析并编写报告，由于故障应急事故报告中包含大量数据，且需对这些数据进行多次统计分析，导致报告中容易出现大量重复内容和错误数据。同时由于检测报告来源不同，其内容与格式也有所差异，使用自然语言处理技术可自动生成系统报告，有效提高效率和准确性。处理方式为采集故障设备相关数据存储在数据库内，利用得分匹配法对数据进行缺失值借补处理；采用自然语言处理技术进行资料分析，将复合文档内的数据信息划分为单词与句子两个数据结构，对数据结构进行词性标注与句法分析，并利用相似度计算进行语义识别；依照资料分析结果与模板需求自动进行监测数据分析报告配置与生成。实验结果显示，该方法自动生成故障应急事故报告过程中，数据借补、词性标注与语义识别等过程具有较高精度，可有效规范报告编制内容
高校网络舆情监控	高校学生具有思想活跃、好奇心强、渴望表达等特点，其获取外界信息和发表观点的行为主要依托信息量庞大、内容繁杂、环境复杂的互联网平台，因此，高校学生网络舆情系统监控系统成为高校处理网络舆情问题的"利器"。该系统利用网络爬虫等技术从繁杂的内容中筛选出与确定主题相关的舆情信息，然后对源数据进行清洗和净化获得特征词，以自然语言分析自动形成文摘、自动追踪主题的转换、察觉主体间的关系等，助力高校尽早发现，提前行动，及时解决，防控疏导，有效降低负面舆情信息传播规模，最大限度降低负面影响

续表

创新领域	创 新 简 介
新冠疫情文献分析	随着时间推移，COVID-19 对人类的影响与日俱增，人们很难迅速找到自己需要的文章，缺少合适的检索工具，浪费大量的时间和精力，研究学者提出了一种新的检索方法。该方法首先采用线性化归一对文章数据进行预处理，其次使用自然语言处理从每个文档的正文中解释文本，然后使用 TF-IDF 将每个文档实例转换为特征向量，接着用 t-SNE 对每个特征向量进行降维，将相似的文章聚集在二维平面中，再使用 PCA 将数据投影到多个维，采用 K-means 聚类，最后用 LDA 建模，从每个聚类中发现关键字，在可视化图形上可视地查找聚类。该方法可以帮助专业人员更容易筛选出许多与病毒有关的出版物，并快速找到他们需要的文章
文本审核	利用先进的深度学习、自然语言理解、自然语言生成等技术，让机器为人类提供文本自动审核、内容纠错、实体搜索、智能推荐、文章编写等有价值的服务，让机器代替人工完成一些重复性的工作。搭建人类和机器之间沟通的桥梁，同时大幅提高企业的管理效率是自然语言处理的目标之一
企业语调	企业语调也被称作企业情绪，是指企业对外界发布信息中所包含的积极、消极、不确定性、争辩性、坚定性和模糊性等文本特征。企业语调与投资者行为、媒体报道、分析师预测和供应链都有着紧密的关系，能够为企业管理人员和其他市场参与者提供有价值的独特信息。利用自然语言处理技术可以快速将文本信息进行清洗、分类以及确定严重程度等，大大加快企业语调信息的利用速度，有利于高效监管和防范风险

第三节　产业发展特点与展望

自然语言处理领域一直是基于规则和基于统计两种研究方法交替占据主导地位，两种研究都先后遇到瓶颈，基于规则和传统机器学习的方法到达一定阶段后就很难再取得更大的突破，直到计算能力和数据存储的提升才极大地促进了自然语言处理的发展。语音识别的突破使得深度学习技术变得非常普及。取得较大进展的还有机器翻译，谷歌翻译目前用深度神经网络技术将机器翻译提升到了新的高度，即使达不到人工

翻译标准也足以应对大部分的需求。信息抽取也变得更加智能，能更好地理解复杂句子结构和实体间关系，抽取出正确的事实。深度学习推动了自然语言处理的进步，同时自然语言处理也为深度学习提供了广阔的应用前景，使得人们在算法设计上投入得更多。人工智能的进步会继续促进自然语言处理的发展，也使得自然语言处理面临着如下挑战：

① 更优的算法。人工智能发展的三要素（数据、计算能力和算法）中，与自然语言处理研究者最相关的就是算法设计。深度学习已经在很多任务中表现出了强大的优势，但后向传播方式的合理性近期受到质疑。深度学习是通过大数据完成小任务的方法，重点在做归纳，学习效率是比较低的，而能否从小数据出发，分析出其蕴含的原理，从演绎的角度出发来完成多任务，是未来非常值得研究的方向。

② 语言的深度分析。尽管深度学习很大程度上提升了自然语言处理的效果，但该领域是关于语言技术的科学，而不是寻找最好的机器学习方法，核心仍然是语言学问题。未来语言中的难题还需要关注语义理解，从大规模网络数据中，通过深入的语义分析，结合语言学理论，发现语义产生与理解的规律，研究数据背后隐藏的模式，扩充和完善已有的知识模型，使语义表示更加准确。语言理解需要理性与经验的结合，理性是先验的，而经验可以扩充知识，因此需要充分利用世界知识和语言学理论指导先进技术来理解语义。分布式词向量中隐含了部分语义信息，通过词向量的不同组合方式，能够表达出更丰富的语义，但词向量的语义作用仍未完全发挥，挖掘语言中的语义表示模式，并将语义用形式化语言完整准确地表示出来让计算机理解，是将来研究的重点任务。

③ 多学科的交叉。在理解语义的问题上，需要寻找一个合适的模型。在模型的探索中，需要充分借鉴语言哲学、认知科学和脑科学领域的研究成果，从认知的角度去发现语义的产生与理解，有可能会为语言理解建立更好的模型。在科技创新的今天，多学科的交叉可以更好地促进自然语言处理的发展。

深度学习为自然语言处理带来了重大技术突破，它的广泛应用极大地改变了人们的日常生活。当深度学习和其他认知科学、语言学结合时，或许可以发挥出更大的威力，解决语义理解问题，带来真正的"智能"。

尽管深度学习在自然语言处理各个任务中取得了巨大成功，但若大

规模投入使用，仍然有许多研究难点需要克服。深度神经网络模型越大，使得模型训练时间延长，如何减小模型体积但同时保持模型性能不变是未来研究的一个方向。此外，深度神经网络模型可解释性较差，在自然语言生成任务研究进展不大。但是，随着深度学习的不断深入研究，在不久的将来，自然语言处理领域将会取得更多研究成果和发展。

在未来展望方面，自然语言处理有着以下 5 个方面的趋势：

① 真正的自然语言处理还有很长的路要走。人类的语言很复杂，因为语言代表着人类的思想。自然语言理解（NLU）成为所谓的"难以解决的人工智能"问题之一，是因为自然语言理解面临的问题就是广义人工智能的问题。但是作为人工智能的子主题，自然语言理解得到了更多关注，因为其应用前景令人兴奋，并且很多自然语言理解解决方案在其应用中显示出了真正的价值。因此，尽管自然语言理解技术尚不成熟，但自然语言理解（NLU）的普及程度已经在企业的应用中得到证明。自然语言理解用于对客户实施情感分析，并理解对 Siri 和 Alexa 等数字助理提出的问题。它还可以通过神经机器翻译服务进行多语种的文本翻译。人们需要知道的是，在全面的广义人工智能出现之前，自然语言处理需要不断发展，因此还有很长的路要走。

② 模型正在迅速改进，企业需要为此做好准备。可以说，当今最著名的人工智能模型是 OpenAI 的 GPT。其最新版本 GPT-3 已于 2020 年早些时候发布。就 GPT 的进展而言，GPT-2 在 2019 年 2 月推出并带来了重大影响，这是由于它接受了 15 亿个参数的训练。GPT-3 在 18 个月之后推出，并接受了 1750 亿个参数的预训练，其训练量得到两个数量级的时长。GPT 的推出立即引起了全球媒体的关注，因为这意味着将会产生虚假新闻、生成艺术、编写代码库等。诸如 GPT 之类的语言模型的发展正在激励企业开发机器智能的许多方法和应用程序，这些应用程序从能够用语言描述网络应用程序到模仿公众人物的语言模式，再到通过医学文献进行训练以提供诊断。

③ 狭义案例获得成功。根据调查，全球有数十万人从事 GPU 计算、机器学习和深度学习的工作，尤其是在企业层面。而重要的一件事是，为了取得成功并推动业务价值提升，人工智能项目的范围可能很窄。像 OpenAI 的 GPT-3 这样的人工智能项目之所以引起广泛关注，是因为这

些技术为人们的未来发展提供了令人鼓舞的愿景。但是，当今推动真正价值的企业项目和部署范围很狭窄，并且可以带来具体的业务价值。例如，当 Adobe Photoshop 提供了从背景中自动选择图像主题的功能时，这是计算机视觉的一种狭义用途，可以为最终用户提供真正的价值。Photoshop 用户无须花费数小时就可以为每个像素的精度剔除背景。这是狭义应用获得成功的一个示例。

④ 机器学习模型需要维护。与传统软件不同，应用在生产中的机器学习模型需要维护，因为它们会随着时间的推移而降低性能。这一事实与生产机器学习模型的复杂组合相结合，导致了持续集成（CI）/持续交付（CD）和 MLOps 工具以及基础设施虚拟化产品的快速发展。有关自然语言理解或自然语言处理最令人兴奋的事情之一就是可以随着时间的推移改进模型。在许多应用中，模型的精确度只要提高几个百分点，就可以为企业基础业务带来数百万美元的价值。其具体示例包括推荐引擎、金融建模应用程序等。因此，重要的是要有一个可预测的部署系统，以随着时间的推移继续交付价值。

⑤ 将机器学习视为一种软件学科。企业准备从机器学习提升业务价值的最有价值的方法之一就是将机器学习确立为一种软件学科。由于绝大多数机器学习项目在开发人员或数据科学家的笔记本电脑上运行的研究实验过程中陷入困境，因此确定帮助企业将模型部署到生产和交付价值系统的优先级是很重要的。

将机器学习视为一种软件学科意味着拥有已经建立的管道，可以将项目从研究转到生产。这意味着机器学习与其余软件堆栈可以得到更多的关注和资源，还意味着代码、数据和机器学习模型本身将会进行版本控制。简化基础设施配置也很重要，这样企业可以大规模部署机器学习模型。最终目标是使人工智能成为企业的业务驱动力，在机器学习领域，适当的流程可以尽快创造价值。

第五章

计算机视觉技术

第一节 总体发展概况

计算机视觉在人工智能里可以类比于人类的眼睛，是在感知层上最为重要的核心技术之一。计算机视觉技术模拟生物视觉，将捕捉到的图像中的数据及信息进行分析识别、检测、跟踪等，真正去"识别"和"理解"这些图像。目前此项技术已经广泛应用到安防、自动驾驶、医疗、消费等，也是目前人工智能技术中落地最广的技术之一。

一、发展历史

第一阶段是马尔计算视觉。1982年大卫马尔（David Marr）的《视觉》一书在计算机视觉领域中起到了关键性的作用，它标志着计算机视觉正式成为一门独立的学科。马尔的计算视觉分为三个层次：计算理论、表达和算法以及算法实现。马尔认为，大脑的神经计算和计算机的数值计算没有本质区别，而从现在神经科学的进展看，"神经计算"与数值计算在有些情况下还会产生本质区别。

主动视觉与目的视觉是第二阶段，学术界几位教授对马尔视觉计算理论提出了反对意见，认为缺乏主动性、目的性和应用性。但由于这段时期没有过多进展，对后续计算机视觉的发展影响不大，因此很多时候没有把这一阶段单独列出介绍。

多视几何和分层三维重建是计算机视觉发展的第三阶段，其中的代表人物包括法国的O.Faugeras、澳大利亚国立大学的R.Hartely和英国牛津大

学的 A.Zisserman，在这方面的研究重点是如何快速、鲁棒地重建大场景。

最后来到了当代计算机视觉的阶段，基于深度学习的视觉。在此阶段中，大体上有两种方法：以流形学习为代表的子空间法和目前以深度神经网络和深度学习为代表的视觉方法。

二、产业发展现状

目前计算机视觉的产业链，在硬件上，主要还是由国外巨头把控，国内市场份额不足，特别是芯片领域和算法算力方面，我国还有一定差距；但在数据方面，我国市场巨大，应用广泛，不断积累的大量数据也在弥补先天不足，并可能通过数据不断优化算法，形成反超；在中游，国内技术日趋弯道超车；在下游我国应用层成果广泛，已形成了全面布局行业解决方案，特别在安防、金融、互联网领域市场增长迅速，颇具竞争优势。

计算机视觉应用安防、金融、互联等领域我国颇具竞争优势。国内在安防、金融、互联网方面，最大的两个场景为政府行业中的平安城市以及金融行业中基于人脸识别的身份。国外在消费、机器人（及机器视觉）、智能驾驶方面领先。

从图 5-1 所示的机器视觉应用占比来看，计算机视觉主要应用场景在安防影像分析，其占比为 67%，其次广告营销占比为 18%，互联网娱乐和泛金融领域占比分别为 4%和 8%，手机应用占比为 2%，创新领域相对较少为 1%。

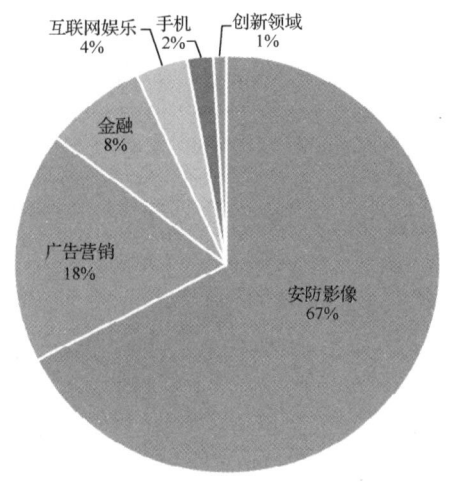

图 5-1 计算机视觉应用占比

第二节　创新进展

计算机视觉技术创新进展见表 5-1。

表 5-1　计算机视觉技术创新进展

创 新 领 域	创 新 简 介
水产动物视觉特征测量	作为水产养殖集成信息化管理的主要信息源，水产动物视觉属性信息的测量不仅是判定水产动物生长状况、调控水质环境的主要信息依据，也是对水产动物进行喂养、用药、捕获、选别和分级等操作的前提基础。近年来，随着计算机信息技术、光学成像技术、图像处理和模式识别技术等的飞速发展，传统检测手段正逐渐被基于计算机视觉技术的自动化检测方法所替代。作为一项快速、经济、一致、客观无损的检测方法，计算机视觉技术在测量对象的线性尺寸、周长、面积、颜色等属性方面有着其他方法无法比拟的优势。在利用计算机视觉技术进行水产动物视觉属性测量方面，许多研究人员已开展了大量的相关研究，研究对象涵盖了鱼、虾、蟹、贝等多种水产动物，计算机视觉技术已逐渐发展为精细化工厂养殖管理的关键技术手段
PCB 板表面缺陷检测	现代电子设备的质量不仅取决于电子元件的质量和性能，而且很大程度上取决于 PCB 的质量。而 PCB 的表面缺陷在很大程度上反映了 PCB 的质量。基于机器视觉的缺陷检测方法可有效提高生产效率和降低质检成本，在现代化工业生产中得到了广泛应用
茶叶品质在线评价系统	茶叶是中国的主要经济作物，在农业产业结构调整、农民增收等方面起着重要作用。而目前茶叶品质主要由评茶师进行感官审评，受到时间空间等因素限制，难以全面监控茶叶市场秩序，从而导致茶叶行业存在以次充好、鱼目混珠等混乱现象。目前，国内外采用计算机视觉技术对茶叶品质进行了大量的研究，利用计算机视觉技术建立了茶叶品种支持向量机鉴别模型，识别率达到 97.7%。运用计算机视觉技术获取茶叶图像的颜色特征和纹理特征，实现茶叶品质的快速无损评价

续表

创新领域	创新简介
机械操作员疲劳作业检测	施工机械操作员的疲劳检测是工程安全管理中比较复杂棘手的问题。现有的疲劳检测方式存在着各种问题，疲劳问卷难以量化、时效性差，生理指标检测侵入性强、成本高昂。而计算机视觉技术为基于面部信息的疲劳检测提供了一个有价值的技术手段。基于计算机视觉技术的施工机械操作员疲劳作业检测方法采用 Dlib（图像处理开源库）模型标注人脸特征点，计算实时眨眼频率、平均眨眼时长、眼睑闭合时间百分比以及哈欠频率这四个指标值，依据综合疲劳指标的取值和持续时间采取不同的疲劳应对措施
轮椅跟随系统	为解决老年人口日益增多而看护人员缺乏的问题，学者利用机器视觉技术开发了自动跟随功能的智能轮椅系统。该系统通过计算机视觉传感器获取图像信息后，首先完成对目标的检测，再利用跟踪算法完成对目标的跟踪，最后结合双目定位算法得到目标在相机坐标系下的三维位置。之后，根据目标的位置控制轮椅的速度和方向，使轮椅与目标人物保持设定的距离和相对方位，完成对目标的跟随。该系统不仅能够完成对使用者的实时跟随，同时也能实现对障碍物安全的躲避
木材树种识别	我国是全球林产品生产、贸易和消费第一大国，因此受到国际社会的广泛关注。在木材和木制品贸易流通环节经常出现以假乱真、依次充好的现象，为国际履约执法和林产品产业监管带来严峻挑战。基于木材解剖的传统木材树种识别方法，一般只能识别木材到"属"或者"类"。近年来发展的DNA 条形码、近红外光谱等木材树种识别新技术虽然可以实现木材"种"的识别，但难以在口岸、现场等多场景下对大批量样本进行自动精准识别。计算机视觉识别技术可以从不同类别图像中提取关键特征，从而对图像进行分类，为木材树种分类带来新的途径
手势识别康复系统	针对目前医学上手部康复治疗的康复器械功能单一，训练过程动作反复且枯燥无趣，恢复过程比较缓慢等问题，提出了一种基于计算机视觉的手势识别康复系统。通过摄像头采集不同年龄，性别人群手势样本数据，建立康复手势数据库，利用计算机视觉、卷积神经网络等技术来构建康复系统，给出具有趣味性并且高效便利的康复训练方案，治疗方法弥补传统康复治疗的缺陷

第三节　产业发展特点与展望

据 AIIA 数据显示，2019 年中国人工智能专利申请数量超过 10 万项，稳居世界第一；计算机视觉技术作为人工智能最重要的细分领域，我国的专利申请量也远高于其他国家，然而专利申请人集中度分散，未能形成大竞争局面，且多为东部地区，专利布局有待加强。

AI 领域计算机视觉占比最高。计算机视觉在人工智能里可以类比于人类的眼睛，是在感知层上最为重要的核心技术之一。计算机视觉技术模拟生物视觉，将捕捉到的图像中的数据及信息进行分析识别、检测、跟踪等，真正去"识别"和"理解"这些图像。目前此项技术已经广泛应用到安防、自动驾驶、医疗、消费等，也是目前人工智能技术中落地最广的技术之一。计算机视觉是国内外 AI 企业最集中的领域，计算机视觉技术企业在全球 AI 企业中占比近 40%，如图 5-2 所示。

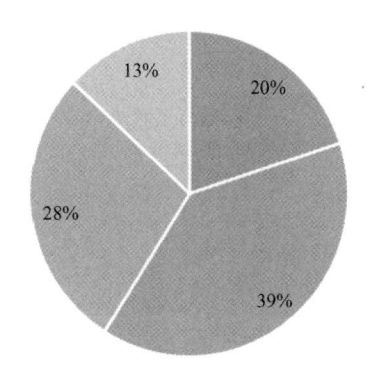

图 5-2　全球 AI 企业应用技术方向分布

中国的 AI 技术专利申请数量全球领先。如图 5-3 所示，2019 年中国人工智能专利申请数量超过 10 万项，稳居世界第一；美国排名第二，申请数量约有 8 万项；英国、澳洲、加拿大和日本均入围全球人工智能技术专利申请数量 TOP6 国家。计算机视觉作为人工智能领域的应用技术，占比为 17.72%。

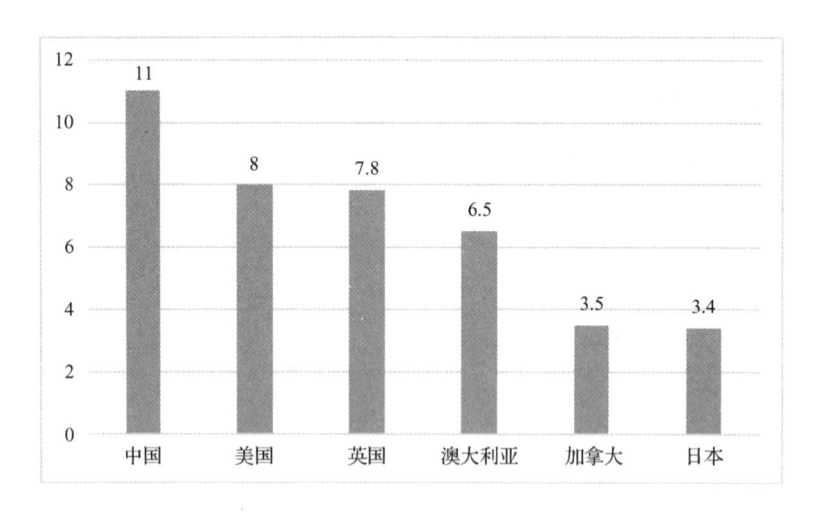

图 5-3　全球 AI 技术专利申请数量 TOP6 国家（单位：万项）

中国计算机视觉技术专利申请数增长较快。从计算机视觉技术专利申请来源国来看，美、日、韩的申请量均为稳定，且每年的申请量均在 700 件以下，而中国在 2010 年的申请量首次超过美、日、韩，且近几年的申请量远高于全球其他国家。

中国计算机视觉技术专利布局仍有不足。虽然中国的专利申请量较多，然而在申请人 TOP10 的排名中没有一个中国申请人入围，其中前 3 名为富士通、佳能和三星电子。日本专利申请人数量最多最为集中。中国申请人极为分散，未形成强有力的竞争大格局，专利布局还有待加强。

计算机视觉学者分布集中在 20～30 人规模的机构中。计算机视觉学者的 H-index 分布如图 5-4 所示，大部分学者的 h-index 分布在中间区域，其中 H-index 在 20～30 区间的人数最多，有 706 人，占比 34.7%，小于 20 的区间人数最少，有 81 人。

随着计算机视觉技术的逐渐成熟，其实际应用的技术领域不断扩展，由最初的静态人脸识别和光学字符识别，扩展到人脸识别分析、活体检测、人体识别分析、物体检测识别、行为识别分析、人体重识别、医疗影像诊断技术等诸多种方向，未来发展趋势有以下三个方面。

① 商业落地更广泛，5G 来临更加推动行业发展。

计算机视觉技术除在安防领域有着较深的应用外，同时在医疗、各个场景的身份认证、购物、娱乐等提供了关键性技术解决方案。未来

5G 带来的低延迟、超高速、超大带宽将会推动医疗、自动驾驶的发展，同时会大力推动计算机视觉在这些行业中应用，例如医疗影像识别、自动驾驶中的影像识别等。

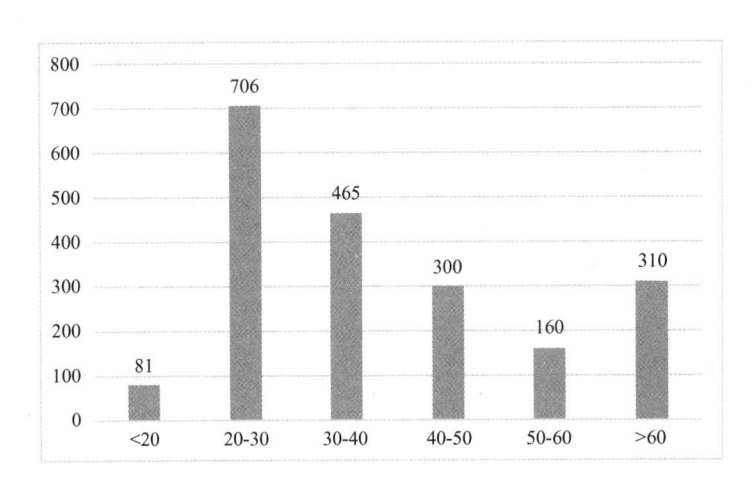

图 5-4 计算机视觉学者 H-index 分布（单位：人）

② 推动数据监管和隐私保护。

由于计算机视觉技术会运用到大量的影像数据，包括静态及动态视频等，目前国内对于这些影像数据的监管和隐私保护依旧还是空缺。随着计算机视觉技术的不断推进，大量影像的数据保护也将成为大家所关注的问题，在技术快速发展的同时如何对这些数据进行更好的保护，以及影像的版权问题等，未来都将会一一解决。

③ 计算机视觉技术将更加亲近消费者。

在未来，计算机视觉技术将会越来越多地以各种形式进入人们日常生活。除苹果以外，各大手机厂商也都开始运用了人脸识别技术，如今支付宝的"刷脸"支付、购物中的图片识别、视频中的物品识别等已进入普通的消费者生活，未来普通消费者的家庭中将会用到更多的计算机视觉技术，如同语音识别在智能家居中的应用一样，目前亚马逊的 Echo Look 可以利用面部识别技术进行家庭的安防保护，用于区分接近你家的熟人和陌生人。

第六章

人工智能芯片

第一节 总体发展概况

2010年以来，由于大数据产业的发展，数据量呈现爆炸式增长态势，而传统的计算架构又无法支撑深度学习的大规模并行计算需求，于是研究界对AI芯片进行了新一轮的技术研发与应用研究。AI芯片是人工智能时代的技术核心之一，决定了平台的基础架构和发展。

从广义上讲，人工智能芯片可定义为，只要能够运行人工智能算法的芯片都叫作AI芯片。但是通常意义上的AI芯片指的是针对人工智能算法做了特殊加速设计的芯片。现阶段，这些人工智能算法一般以深度学习算法为主，也可以包括其他机器学习算法。

一、发展历史

人工智能从1997年IBM的深蓝战胜国际象棋大师到2011年IBM的沃森智能系统在Jeopardy节目中胜出，被人们又一次广泛关注。在2016年Alpha Go击败韩国围棋九段职业选手后迎来了一波高潮，从基础算法、底层硬件、工具框架到实际应用场景，现阶段的人工智能领域已经全面开花。作为人工智能核心的底层硬件AI芯片，也同样经历了多次的起伏和波折，总体看来，AI芯片的发展前后经历了四个阶段。

第一阶段：2007年以前，AI芯片产业一直没有发展成为成熟的产业；由于当时算法、数据量等因素，这个阶段AI芯片并没有特别强烈的市场需求，通用的 CPU 芯片即可满足应用需要。

第二阶段：随着高清视频、VR、AR 游戏等行业的发展，GPU 产品取得了快速突破；同时人们发现 GPU 的并行计算特性恰好适应人工智能算法及大数据并行计算的需求，如 GPU 比之前传统的 CPU 在深度学习算法的运算上可以提高几十倍的效率，因此开始尝试使用 GPU 进行人工智能计算。

第三阶段：2010 年之后，云计算广泛推广，人工智能的研究人员可以通过云计算借助大量 CPU 和 GPU 进行混合运算，进一步推进了 AI 芯片的深入应用，从而催生了各类 AI 芯片的研发与应用。

第四阶段：人工智能对于计算能力的要求不断地快速提升，进入 2015 年后，GPU 性能功耗比不高的特点使其在工作适用场合受到多种限制，业界开始研发针对人工智能的专用芯片，以期通过更好的硬件和芯片架构，在计算效率、能耗比等性能上得到进一步提升。

二、人工智能芯片的分类

（1）GPU（Graphics Processing Unit，图形处理单元）

在传统的冯·诺依曼结构中，CPU 每执行一条指令都需要从存储器中读取数据，根据指令对数据进行相应的操作。从这个特点可以看出，CPU 的主要职责并不只是数据运算，还需要执行存储读取、指令分析、分支跳转等命令。深度学习算法通常需要进行海量的数据处理，用 CPU 执行算法时，CPU 将花费大量时间在数据/指令的读取分析上，而 CPU 的频率、内存的带宽等条件又不可能无限制提高，因此限制了处理器的性能。GPU 的控制相对简单，大部分的晶体管可以组成各类专用电路、多条流水线，使得 GPU 的计算速度远高于 CPU；同时 GPU 拥有了更加强大的浮点运算能力，可以缓解深度学习算法的训练难题，释放人工智能的潜能。但 GPU 无法单独工作，必须由 CPU 进行控制调用才能工作，而且功耗比较高。

（2）半定制化 FPGA

FPGA（Field Programmable Gate Array）的全称为"现场可编程门阵列"，其基本原理是在 FPGA 芯片内集成大量的基本门电路以及存储器，用户可以通过更新 FPGA 配置文件来定义这些门电路以及存储器之

间的连线。与 GPU 不同，FPGA 同时拥有硬件流水线并行和数据并行处理能力，适用于以硬件流水线方式处理数据，且整数运算性能更高，因此常用于深度学习算法中的推断阶段。不过 FPGA 通过硬件的配置实现软件算法，因此在实现复杂算法方面有一定的难度。将 FPGA 和 CPU 对比可以发现两个特点，一是 FPGA 没有内存和控制所带来的存储和读取部分，速度更快；二是 FPGA 没有读取指令操作，所以功耗更低。劣势是价格比较高、编程复杂、整体运算能力不是很高。目前国内的 AI 芯片公司如深鉴科技就提供基于 FPGA 的解决方案。

（3）全定制化 ASIC

ASIC（Application-Specific Integrated Circuit）专用集成电路，是专用定制芯片，即为实现特定要求而定制的芯片。定制的特性有助于提高 ASIC 的性能功耗比，缺点是电路设计需要定制，相对开发周期较长，功能难以扩展。但在功耗、可靠性、集成度等方面都有优势，尤其在要求高性能、低功耗的移动应用端体现明显。谷歌的 TPU、寒武纪的 GPU，地平线的 BPU 都属于 ASIC 芯片。谷歌的 TPU 比 CPU 和 GPU 的方案快 30 至 80 倍，与 CPU 和 GPU 相比，TPU 把控制电路进行了简化，因此减少了芯片的面积，降低了功耗。

（4）神经拟态芯片

神经拟态计算是模拟生物神经网络的计算机制。神经拟态计算从结构层面去逼近大脑，其研究工作还可进一步分为两个层次。

一是神经网络层面，与之相应的是神经拟态架构和处理器，如 IBM 的 TrueNorth 芯片，这种芯片把定制化的数字处理内核当作神经元，把内存作为突触。其逻辑结构与传统冯·诺依曼结构不同，它的内存、CPU 和通信部件完全集成在一起，因此信息的处理在本地进行，克服了传统计算机内存与 CPU 之间的速度瓶颈问题。同时神经元之间可以方便快捷地相互沟通，只要接收到其他神经元发过来的脉冲（动作电位），这些神经元就会同时做动作。

二是神经元与神经突触层面，与之相应的是元器件层面的创新。如 IBM 苏黎世研究中心宣布制造出世界上首个人造纳米尺度的随机相变神经元，可实现高速无监督学习。

三、发展现状

中国人工智能芯片行业整体处于早期阶段。近年来，各类势力均发力人工智能芯片领域，人工智能芯片行业投融资从 2017 年开始逐渐兴起，如图 6-1 所示。从 2016 年人工智能芯片行业投融资事件的一片空白，到在 2018 年投资者的热情达到顶峰，全年投融资事件 13 起，金额达 41.79 亿元。此外，人工智能芯片行业正加速洗牌，投资者倾向以更大的金额投资优秀公司，2020 年投融资事件下降至 5 起，金额达 37.5 亿元。

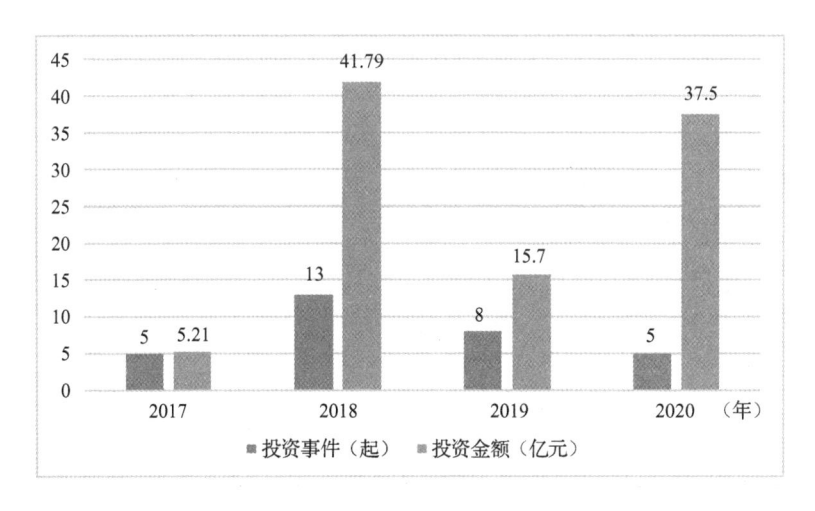

图 6-1 中国 AI 芯片行业投融资情况

华为是中国唯一上榜的 15 大 AI 芯片企业。从地区来看，华北、华东和中南地区稳居中国 AI 芯片区域市场三甲，是中国 AI 芯片市场发展最为领先的区域，市场总体规模占据全国领先位置；在市场增速方面，随着西部地区加快投入大数据中心建设，西南、西北地区的云端 AI 芯片市场规模呈现高速增长，市场份额进一步提升。从企业来看，近几年，随着中国半导体产业的蓬勃发展，以华为海思、紫光展锐为代表的老玩家与寒武纪、嘉楠耘智等新锐势力已纷纷从幕后走向了台前，中国 AI 芯片行业主要公司如表 6-1 所示。在 2020 年 Compass Intelligence 发布的全球前 15 大 AI 芯片企业排名表中，华为位列第 12 名，是中国唯一一家上榜的企业。

表 6-1　中国 AI 芯片行业主要公司情况

时间	公司	发布内容
2019.05	依图	发布其首款自研云端视觉推理 AI 芯片"求索",适用于人脸识别、视频结构化分析等图像和视频实时智能分析任务
2019.06	寒武纪	正式推出云端 AI 芯片中文品牌"思元"、第二代云端 AI 芯片思元 270（MLU270），在低精度训练领域实现了重大突破
2019.07	华为	发布鸿鹄 818 智慧芯片，将用于荣耀智慧屏设备
2019.07	百度	发布远场语音交互芯片"鸿鹄"，面向车载语音交互、智能家具等场景
2019.09	比特大陆	推出了第三代 AI 芯片 BM1684，作为城市大脑专用芯片，聚焦于云端及边缘应用的人工智能推理
2019.01	地平线	发布旭日二代边缘 AI 芯片及一站式全场景芯片解决方案，可处理多类 AI 任务，包括非机动车、机动车检测分类，功耗 2W，算力 4Tops
2019.11	寒武纪	发布边缘端 AI 芯片思元 220 和思元 220-M2 边缘加速卡。思元 220 采用 16nm 工艺，基于寒武纪全新的 MLU2 架构，峰值算力达到 32TOPS（IN4），功耗仅为 10W
2019.12	燧原科技	发布了面向云端数据中心的 AI 训练芯片邃思及加速卡云燧 T10。云燧 T10 的单卡单精度（FP32）算力达到 20TFLOPS，支持单精度 FP32 和半精度 BF16 的混合精度计算
2020.09	地平线	发布旭日 3 系列，16nm 工艺，在 25W 的功耗下，能够达到等效 5ToPS 的标准算力，应用场景包括智能摄像机、智慧屏幕、智能通行、车载后装、边缘计算以及交互机器人六大领域
2020.06	鲲云科技	发布全球首款数据流 AI 芯片 CASA，该芯片通过数据流控制计算顺序来提升实测性能，能提供更高性价比，目前已实现量产

互联网为 AI 芯片行业奠定基础，智能产品创造新发展增量。2020年，我国互联网宽带接入用户 4.84 亿户，比 2019 年增加 0.34 亿户，同比增长 7.6%。加速的互联网进程将推动人工智能芯片行业快速发展。近年来，智能产品已经在中国消费电子市场有了规模性增长。IDC 的最新数据显示，2019 年中国可穿戴设备市场出货量为 9924 万台，同比增长 35.62%，在中国市场成为仅次于智能手机的第二大移动智能消费终

端设备，预计 2023 年出货量将接近 2 亿台。未来，智能产品的逐步普及将为人工智能芯片行业发展带来重大发展机遇。

全球人工智能芯片行业天花板偏高，国内市场规模有望持续增长。如图 6-2 所示，Tractica 依据现有行业市场规模数据对中国 AI 芯片行业未来市场规模进行预测，2019 年全球人工智能芯片市场规模约 110 亿美元，预计到 2025 年将达到 726 亿美元，年复合增长率达到 46.14%。随着大数据的发展和计算能力的提升，2019 年中国人工智能芯片市场规模达 115.5 亿元，随着 5G 和人工智能行业的快速发展，中国 AI 芯片行业市场成长空间巨大，预计 2023 年市场规模将突破千亿元。

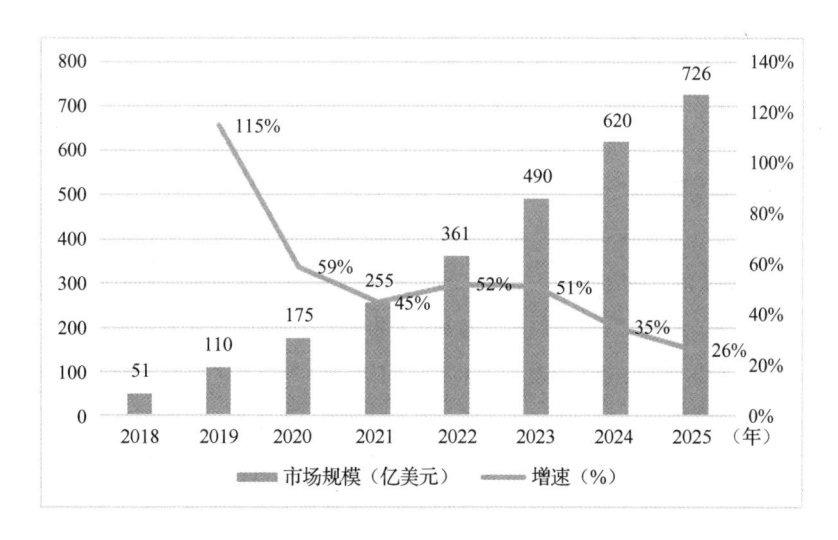

图 6-2　中国 AI 芯片行业市场规模及预测

第二节　创新进展

农机智能化方面，目前，伴随着语音技术的成熟和计算机视觉的深入应用，国内已有企业和科研院所开始相关人工智能芯片研发。如中国农业大学信息与电气工程学院联合中国科学院半导体研究所，已针对农业病虫害识别、农业智能控制及农业信息安全等研制基于 RISC-V 指令集（加州大学伯克利分校发布的基于精简指令集计算原理建立的开放指令集架构）的人工智能芯片。

智能穿戴方面，华米科技宣布全球首颗可穿戴、RISC-V 开源指令

集芯片——黄山1号正式量产应用，它集成了 RealBeats AI 生物数据引擎，具有高能效、AI 前移、可扩展等特性。相比 ARM Cortex-M4，黄山1号运算效率高出 38%；相比纯软件算法，黄山1号 AI 硬件引擎的房颤判断效率高出 200%。此外，黄山1号可作为独立处理器应用，也可作为协处理器应用。

第三节　产业发展特点与展望

人工智能芯片的发展，芯片种类不断丰富，逐渐从通用向专用过渡。从广义上讲，面向人工智能计算的芯片都可以称为人工智能芯片，目前主要包括基于传统架构的 GPU、FPGA 及 ASIC。随着人工智能在生活各领域的渗透，人工智能应用落地和大规模商业化的需求，催生了对芯片研发的更高要求。人工智能芯片种类日趋多元，目前正在研究的有类脑芯片、可重构 AI 芯片等，但其离商用还有较大差距。

作为一项计算密集型的新技术，人工智能早期可以依靠通用芯片的性能来迅速发展，而后期将依靠专用芯片来统治市场。定制的硬件才能实现更优的功耗效率，以满足不同算法、结构、终端和消费者的需求，实现规模化的收益。当然，通用芯片与专用芯片永远都不是互相替代的关系，二者必须协同工作才能发挥最大的价值。不同类型芯片的优缺点见表 6-2。

表 6-2　不同类型芯片的优缺点

芯片类型	优　点	缺　点
GPU	通用性好，串行运算能力强，适用于逻辑运算。相比 CPU，由于其多线程结构，拥有较强的并行运算能力，与 FPCA 和 ASIC 相比通用性更强	开发难度大，大量的晶体管用于构建控制电路和高速缓存储器，运算单元占比少，架构限制了算力的发展。价格、功耗等不如 FPGA 和 ASIC
FPGA	可对芯片硬件层进行灵活编译，且功耗远小于 CPU 和 GPU	硬件编程语言难以掌握，单元的计算能力比较弱，硬件成本高，电子管冗余，功耗可进一步压缩

续表

芯片类型	优点	缺点
ASIC	针对专门的任务进行架构层的优化设计，可实现 PPA 最优化设计、量产后成本最低	初始设计投入大，可编程架构设计难度较大，针对性设计会限制芯片的通用性

短期 GPU 仍是主导，FPGA 将成为市场增长点。GPU 是目前市场上 AI 计算最成熟、应用最广泛的通用芯片，按照弗若斯特沙利文的推算，2020 年 GPU 芯片在 AI 芯片中的占比达 35.95%，占领最主要的市场份额。作为数据中心和算力的主力军，GPU 市场仍将以提升效率和扩大应用场景为发展目标，继续主导芯片市场。

在当前技术与运用都在快速更迭的时期，FPGA 可编程带来的配置灵活性使其能更快地适应市场，具有明显的实用性。随着开发者生态的逐渐丰富，适用的编程语言增加，FPGA 运用将会更加广泛。在专业芯片发展到足够完善之前，FPGA 作为最好的过渡产品，在短期内将成为各大厂商的选择热点。

FPGA 算力强、灵活度高，但技术难度大，与国外差距较为明显。FPGA 在出厂时是"万能芯片"，用户可根据自身需求，用硬件描述语言对 FPGA 的硬件电路进行设计，其灵活性介于 CPU、GPU 等通用处理器和专用集成电路 ASIC 之间。由于 FPGA 的灵活性，很多使用通用处理器或 ASIC 难以实现的下层硬件控制操作技术利用 FPGA 可以很方便地实现，从而为算法的功能实现和优化留出了更大空间。

同时，FPGA 一次性成本远低于 ASIC，在芯片需求还未成规模、深度学习算法暂未稳定、需要不断迭代改进的情况下，利用具备可重构特性的 FPGA 芯片来实现半定制的人工智能芯片是最佳选择。

目前，FPGA 市场基本上全部被国外的 Xilinx、Altera（现并入 Intel）、Lattice、Microchip 四家公司占据，2018 年其占比分别为 56%、31%、3%、2.6%。其中，Xilinx 和 Altera 两大公司对 FPGA 的技术与市场占据绝对垄断地位，占据了近 90%的市场份额。

目前主流 AI 芯片的核心主要是利用 MAC（Multiplier and Accumulation，乘加计算）加速阵列来实现对 CNN（卷积神经网络）中最主要的卷积运算的加速。这一代 AI 芯片主要有如下三个方面的问题。

一是深度学习计算所需数据量巨大，造成内存带宽成为整个系统的瓶颈，即所谓"Memory Wall"问题。二是与第一个问题相关，内存大量访问和 MAC 阵列的大量运算，造成 AI 芯片整体功耗的增加。三是深度学习对算力要求很高，要提升算力，最好的方法是做硬件加速，但是同时深度学习算法的发展日新月异，新的算法可能在已经固化的硬件加速器上无法得到很好的支持，即性能和灵活度之间的平衡问题。

因此，我们可以预见下一代 AI 芯片将有如下的几个发展趋势。

趋势一：更高效的大卷积解构/复用。在标准 SIMD 的基础上，CNN 由于其特殊的复用机制，可以进一步减少总线上的数据通信。而复用这一概念，在超大型神经网络中就显得格外重要。如何合理地分解、映射这些超大卷积到有效的硬件上成了一个值得研究的方向。

趋势二：更低的 Inference 计算/存储位宽。AI 芯片最大的演进方向之一就是神经网络参数/计算位宽的迅速减少——从 32 位浮点到 16 位浮点/定点、8 位定点，甚至是 4 位定点。在理论计算领域，2 位甚至 1 位参数位宽，都已经逐渐进入实践领域。

趋势三：更多样的存储器定制设计。当计算部件不再成为神经网络加速器的设计瓶颈时，如何减少存储器的访问延时将会成为下一个研究方向。通常，离计算越近的存储器速度越快，每字节的成本也越高，同时容量也越受限，因此新型的存储结构也将应运而生。

趋势四：更稀疏的大规模向量实现神经网络虽然大，但是，实际上有很多以零为输入的情况，此时稀疏计算可以高效减少无用能效。来自哈佛大学的团队就该问题提出了优化的五级流水线结构，在 Activation 层后对下一次计算的必要性进行预先判断，如果发现这是一个稀疏节点，则触发 SKIP 信号，避免乘法运算的功耗，以达到减少无用功耗的目的。

趋势五：计算和存储一体化。计算和存储一体化（Process-In-Memory）技术，其要点是通过使用新型非易失性存储器件，在存储阵列里面加上神经网络计算功能，从而省去数据搬移操作，即实现了计算存储一体化的神经网络处理，在功耗性能方面可以获得显著提升。

第七章

智能驾驶技术

第一节　总体发展概况

随着深度学习和计算机视觉技术的兴起，自动驾驶为提升交通安全与效率提供了新的解决方案。自动驾驶综合了人工智能、通信、半导体、汽车等多项技术，涉及产业链长、价值创造空间巨大，已经成为各国汽车产业与科技产业跨界、竞合的必争之地。技术进步、政策推动、巨头入局、资本进入、成本下降、场景成熟，从各方面迹象来看，自动驾驶经过十多年的探索，目前已经站在了商业化落地的关键节点。

一、技术概述

自动驾驶又称无人驾驶，是指通过计算机、传感器、互联网、物联网、移动通信等技术，实现无人驾驶的一种技术，该技术在 20 世纪已有数十年的历史，21 世纪初呈现出接近实用化的趋势。自动驾驶汽车依靠人工智能、视觉计算、雷达、监控装置和全球定位系统协同合作，让电脑可以在没有任何人类主动的操作下，自动安全地操作机动车辆。

二、技术等级

根据我国发布的《智能汽车创新发展战略》中的定义，智能汽车是指通过搭载先进传感器等装置，运用人工智能等新技术，具有自动驾驶功能，逐步成为智能移动空间和应用终端的新一代汽车。智能汽车通常

又称为智能网联汽车、自动驾驶汽车等。其中，就智能汽车的智能化程度我国划分了六个级别。

L0级驾驶自动化（应急辅助）：驾驶自动化系统不能持续执行动态驾驶任务中的车辆横向或纵向运动控制，但具备持续执行动态驾驶任务中的部分目标和事件探测与响应的能力。

L1级驾驶自动化（部分驾驶辅助）：驾驶自动化系统在其设计运行条件内持续地执行动态驾驶任务中的车辆横向或纵向运动控制，且具备与所执行的车辆横向或纵向运动控制相适应的部分目标和事件探测与响应的能力。

L2级驾驶自动化（组合驾驶辅助）：驾驶自动化系统在其设计运行条件内持续地执行动态驾驶任务中的车辆横向和纵向运动控制，且具备与所执行的车辆横向和纵向运动控制相适应的部分目标和事件探测与响应的能力。

L3级驾驶自动化（有条件自动驾驶）：驾驶自动化系统在其设计运行条件内持续地执行全部动态驾驶任务。

L4级驾驶自动化（高度自动驾驶）：驾驶自动化系统在其设计运行条件内持续地执行全部动态驾驶任务和执行动态驾驶任务接管。

L5级驾驶自动化（完全自动驾驶）：驾驶自动化系统在任何可行驶条件下持续地执行全部动态驾驶任务和执行动态驾驶任务接管。

三、自动驾驶发展路径

（1）单车智能。目前国外自动驾驶技术以单车智能为主，即在车辆上装备各类传感器，通过汽车本地的"大脑"实现自动驾驶，但这样的技术，由于投入大、成本高、基础设施不健全等问题，而且环境对传感器影响大、标准不统一，核心的智能零件均掌握在外企手中，使我国单车智能发展难以进行。

（2）智能网联。以网络为主的技术路线对于我国优势明显，一方面对硬件和芯片的要求降低，另一方面我国5G发展建设比其他国家迅速，但仍需要构建人、车、网、路、端、云的产业链条，为智能网联的自动驾驶汽车提供基础支持。

四、发展现状

如今自动驾驶在全球范围内已经进入了快速发展期，但 L1 级仍是 ADAS 量产主力，市场上的多数汽车企业都能够达到 L2 级别的自动化水平。诸多国内外巨头企业都在研发自动驾驶技术，如百度、华为、滴滴、谷歌、苹果、亚马逊、微软等企业，截至目前，百度的技术已经在诸多区域落地，但都是在实验区，并未实现真正的上道行驶。今年中国 L2 的搭载量预计突破 80 万辆，中国品牌占据绝大部分份额。而 L3-L4 级自动驾驶系统还处于研发和小规模测试阶段。此外，各国正在推动开放测试道路、完善法律法规等政策。市场主体空前丰富，传统主机厂、互联网企业、ICT 企业、出行服务企业等纷纷加入。

现阶段，自动驾驶仍应用基于技术层面，许多企业都已研发出 L4 级别的无人驾驶技术，但用于实践时，便故障频发。2020 年 3 月，年度汽车评审测试在北京举行，将欧美几十款自动驾驶汽车置于我国内封闭路段进行测试，发生了诸多问题，如不交替通行、十字路口变道等，得出依靠"单车智能"实现 L4 级别的自动驾驶之路还很长。

第二节　创新进展

（1）Robo-taxi 载客运营探索进入快车道。

美国、中国、日本、欧盟等国家和地区都在积极开展无人驾驶出租车业务探索。2018 年，Waymo 率先在亚利桑那州向其早期用户免费开放此项服务，2020 年 10 月，Waymo One 在凤凰城首次向公众开放的无人驾驶出租车业务。另外，Cruise、Pony.ai、AutoX 等企业也已获得加州无人驾驶服务许可。中国的百度、滴滴、文远粤行、AutoX 等公司也加快自动驾驶出租车的载客商业探索速度，在广州、长沙、上海、武汉、沧州、北京等城市的特定区域开展 Robo-taxi 业务。

（2）低速无人递送业务已经在部分区域上岗运行。

2020 年 2 月 6 日，美国国家公路交通安全管理局批准 Nuro 率先部署没有侧视镜和方向盘等操作控制的无人送货车，并要求该公司在 2 年内的部署规模超过 5000 台。NHTSA 的这一举动，无疑是低速自动驾驶

终端配送的强烈催化剂。中国也在部分区域内积极探索小型无人配送车的示范运营，如美团在顺义的 15 个社区及周边路线部署了多辆配送车已持续运行了 300 多天；阿里在浙江大学紫金港校区、天津大学、南开大学以及四川大学等多地部署"小蛮驴"无人配送车开展业务探索；此外，新石器、智行者、白犀牛、京东、苏宁等电商及物流企业也在积极探索并开展业务。

（3）点对点无人接驳业务持续开展试点运行。

英国的 RDM 集团旗下的自动驾驶子公司 Aurrigo 研发的自动驾驶接驳车已经在英国的米尔顿凯恩斯小镇进行测试运行，还在英国希思罗机场 5 号航站楼开展行李箱自动运转的相关测试。德国的博世、大陆集团以及采埃孚等也在开展城市接驳车测试或试点，解决城市的"第一英里或最后一英里"问题。

（4）封闭园区的自动驾驶已经开始规模化部署。

2019 年 12 月，驭势科技在香港国际机场启用无人物流车为旅客提供行李运输服务，此外，该公司还在广州白云机场、海口美兰机场、北京大兴机场等多个机场开展自动驾驶接驳试运营。西井科技联合振华重工在深圳盐田、泰国、瑞典等提供自动驾驶电动集装箱货车的运营；主线科技、图森未来等也在上海洋山港开展了自动驾驶运输试点示范运营。

第三节　产业发展特点与展望

当前，自动驾驶汽车技术成为产业创新发展的核心动力。自动驾驶单车智能是通过在车辆上加装感知设备和运算单元，提高车辆本身的感知、决策和控制能力，使其达到甚至超越人类的驾驶水平，部分实现甚至全部实现自动驾驶；车路协同是在路端和车端同时布设感知和运算设备组成车路系统，系统通过各种无线通信的方式，在车和车之间、车和路之间、近端和远端之间，甚至车和人之间构成新的交通结构。

从华为、中兴、大唐等通信领域的企业到以百度、阿里、腾讯为代表的互联网企业，再到四维图新、希迪智驾等创新型企业，均已布局自动驾驶车路协同技术。相对国外以单车智能为自动驾驶主要发展路线而

言，我国的车路协同存在较多优势。首先，车路协同方案能突破视觉死角和障碍物遮挡，并且不受天气影响。目前，国内测试案例中的路侧单元，大多布置在交通灯附近，位于高处，能有效避免障碍物的遮挡，而且以静止状态探测移动物体，能明显提高准确率。其次，车路协同能够减少车上传感器应用，降低成本。目前，应用在车上的传感器都有局部的缺陷，需要多传感器的融合。而众多传感器不仅会增加能耗，还会增加单车成本。通过车路协同的方式，能把车上的传感器转移到路上，从而减轻车辆单车压力。最重要的是，中国的5G发展优势能进一步赋能自动驾驶。车联网作为5G的重要应用场景，给自动驾驶带来了低延时、高稳定性的物联网架构，通过服务器的高性能计算、核心云、边缘云给自动驾驶车辆提供实时路况信息、行人信息等，自动驾驶迈入5G时代。

在未来趋势方面，自动驾驶汽车在未来将逐步替代人类驾驶，这不仅将改变人们的出行和生活方式，还将对传统物流行业、通信行业产生深远影响。

趋势一：L3/L4级将率先在低速特定场景下量产，自动泊车没有L3形态，会从L2.5跨越到L4。奥迪在2018年宣布了L3自动驾驶车型A8，实现了低速拥堵场景L3级的自动驾驶。同一年，戴姆勒和博世合作研发的自动代客泊车技术在中国首次亮相。通过APP即可自动完成车位泊车。2020年长安联合纵目科技实现了APA6.0代客泊车功能示范应用。

趋势二：基于自动驾驶的"出行服务"将成为下一轮出行革命的竞争起点。比如国际巨头如福特推出智能驾驶车队；丰田2019年发布e-Palette移动平台，能适用多类型的移动需求；还有谷歌的Waymo平台在2017年推出自动驾驶出行服务。国内企业方面，长安汽车在2019年7月份在重庆启动L4级自动驾驶车示范运营，手机APP约自动驾驶车出行；百度和一汽红旗共同打造的L4级自动驾驶出租车Robotaxi红旗E界，亮相长沙展开测试。

趋势三：自动驾驶的5G/V2X及云计算应用时代即将到来，聪明车+智慧路将是主要形态。其中如华为、大唐等厂商已经推出了各自的LTE-V2X商用通信芯片或模组，同时支持PC5抠和Uu口双模通信；星云互联、东软、千方等终端厂商推出各自终端设备，支持多种品牌

LTE-V2X 通信芯片。而 LTE-V2X 也将快速过渡到 5G-V2X。随着 5G 牌照发放，标志着中国进入了 5G 时代。此外，5G R16 标准将支持 V2X 场景。

趋势四：自动驾驶"软"安全重要性凸显。"软"安全可分为：①功能安全：减少失效引起的危害；②预期功能安全：减少感知或决策控制不符合预期引起的危害；③信息安全：建设网联安全防护体系，抵御和减轻网络攻击引起的危害。

趋势五：业内合作、跨界协同是必然趋势。其中包括：车企间合作，如宝马与奔驰将共同研发 L3 和 L4 级别的自动驾驶技术，并计划在 2025 年推出搭载双方合作成功的应用；本田也通过投资通用 Cruise 与之形成合作。另外还有跨界合作，案例就是华为与长安、奥迪、上汽等国内外多家汽车企业开展深度合作，发挥其在 5G、IoT、云计算、人工智能等领域的优势，帮助企业造好车。

无人驾驶技术是未来车辆发展的大趋势，由于车辆传感硬件及芯片原因，使单车自动驾驶无法在我国迅速普及；由于网络建设、安全、行业标准等原因，网联无人驾驶技术应用商业化仍需时间，但现有的辅助、半自动驾驶技术已能够为我们降低诸多驾驶过程中的风险，5G 技术的普及也需要时间。

第八章

深度学习框架平台

第一节 总体发展概况

过去十年，机器学习（尤其是深度学习领域）涌现了大量算法和应用。在这些深度学习算法和应用涌现的背后，是各种各样的深度学习工具和框架。他们是机器学习革命的脚手架。TensorFlow 和 PyTorch 等深度学习框架的广泛使用，使许多机器学习从业者能够使适合领域的特定编程语言和丰富的构建模块更容易地组装模型。

一、发展历史

（1）21 世纪初

神经网络的概念已经出现一段时间了。在 21 世纪初之前，有一些工具可以用来描述和开发神经网络。这些工具包括 MATLAB、OpenNN、Torch 等，它们要么不是专门为神经网络模型开发定制的，要么拥有复杂的用户 API，缺乏 GPU 支持。在此期间，机器学习实践者在使用这些原始的深度学习框架时不得不做很多繁重的工作。

（2）2012 年前后

2012 年，多伦多大学的 Alex Krizhevsky 等人提出了一种深度神经网络架构，后来被称为 AlexNet，该架构在 ImageNet 数据集上达到了 SOTA 精度，并大大超过了第二名选手。这一出色的结果引发了深度神经网络的热潮，此后各种深度神经网络模型在 ImageNet 数据集的准确

性上不断创下新高。大约在这个时候，一些早期的深度学习框架，如 Caffe、Chainer 和 Theano 应运而生。使用这些框架，用户可以方便地建立复杂的深度神经网络模型，如 CNN、RNN、LSTM 等。此外，这些框架还支持多 GPU 训练，这大大减少了对这些模型的训练时间，并且能够对以前无法装入单一 GPU 内存的大型模型进行训练。在这些框架中，Caffe 和 Theano 使用声明式编程风格，而 Chainer 采用命令式编程风格。这两种不同的编程风格也为即将到来的深度学习框架设定了两条不同的开发路径。

（3）2015—2016 年

AlexNet 的成功引起了计算机视觉领域的高度关注，并重新点燃了神经网络的希望，大型科技公司加入了开发深度学习框架的行列。其中，谷歌开源了著名的 TensorFlow 框架，它至今仍是机器学习领域最流行的深度学习框架。Caffe 的发明者加入了 Facebook 并发布了 Caffe2；与此同时，Facebook AI 研究团队也发布了另一个流行的框架 PyTorch，它基于 Torch 框架，但使用了更流行的 Python API。微软研究院开发了 CNTK 框架。亚马逊采用了 MXNet，这是华盛顿大学、CMU 和其他机构的联合学术项目。TensorFlow 和 CNTK 借鉴了 Theano 的声明式编程风格，而 PyTorch 则继承了 Torch 的直观和用户友好的命令式编程风格。命令式编程风格更加灵活并且容易跟踪，而声明式编程风格通常为内存和基于计算图的运行时优化提供了更多的空间。

2015 年，何凯明等人提出了 ResNet，再次突破了图像分类的边界，在 ImageNet 的准确率上再创新高。业界和学界已经达成共识，深度学习将成为下一个重大技术趋势，解决各种领域的挑战，这些挑战在过去被认为是不可能的。在此期间，所有深度学习框架都对多 GPU 训练和分布式训练进行了优化，提供了更加直观的 API，并衍生出了专门针对计算机视觉、自然语言处理等特定任务的 model zoo 和工具包。还值得注意的是，Francois Chollet 几乎是独自开发了 Keras 框架，该框架在现有框架之上提供了神经网络和构建块的更直观的高级抽象。从那时开始，这种抽象成为 TensorFlow 中模型层面事实上的 API。

（4）2019—2020 年

正如人类历史的发展一样，深度学习框架经过一轮激烈的竞争，最

终形成了两大"帝国"，TensorFlow 和 PyTorch 的双巨头垄断，这两大"帝国"代表了深度学习框架研发和生产中 95% 以上的用例。2019 年，Chainer 团队将他们的开发工作转移到 PyTorch；类似地，微软停止了 CNTK 框架的积极开发，部分团队成员转而支持 Windows 和 ONNX 运行上的 PyTorch。Keras 被 TensorFlow 收编，并在 TensorFlow2.0 版本中成为其高级 API 之一。在深度学习框架领域，MXNet 仍然位居第三。

在此期间，深度学习框架空间有两种趋势。

首先是大型模型训练。随着 BERT 的诞生，以及它的近亲 GPT-3 的诞生，训练大型模型的能力成了深度学习框架的理想特性。这就要求深度学习框架能够在数百台设备的规模下有效地进行训练。

第二个趋势是可用性。这一时期的深度学习框架都采用命令式编程风格，语义灵活，调试方便。同时，这些框架还提供了用户级的装饰器或 API，以通过一些 JIT（即时）编译器技术实现高性能。

（5）2021 年及以后

深度学习在自动驾驶、个性化推荐、自然语言理解及医疗保健等广泛领域取得了巨大成功，带来了前所未有的用户、开发者和投资者浪潮。这也是未来十年开发深度学习工具和框架的黄金时期。尽管深度学习框架从一开始就有了长足的发展，但它们之于深度学习的地位还远远不如编程语言 JAVA/C++ 之于互联网应用那样的成熟。还有很多令人兴奋的机会和工作有待探索和完成。

二、各主流框架平台现状

（1）TensorFlow

TensorFlow 2015 年 11 月由谷歌出品，基于 Python 和 C++ 编写，GitHub 上最热，谷歌搜索最多，使用人数最多，大多数网上招聘工作描述中也提到了它。由于谷歌在深度学习领域的巨大影响力和强大的推广能力，TensorFlow 一经推出就获得了极大的关注，并迅速成为如今用户最多的深度学习框架。2019 年 3 月已发布了最新的 TensorFlow2.0 版本。

① 优点

● 自带 tensorboard 可视化工具，能够让用户实时监控观察训练过程。

- 拥有大量的开发者，有详细的说明文档、可查询资料多。
- 支持多 GPU、分布式训练，跨平台运行能力强。
- 具备不局限于深度学习的多种用途，还有支持强化学习和其他算法的工具。

② 缺点

- 频繁变动的接口，TensorFlow 的接口一直处于快速迭代之中，并且没有很好地考虑向后兼容性，这导致现在许多开源代码无法在新版的 TensorFlow 上运行，同时也间接导致了许多基于 TensorFlow 的第三方框架出现 BUG。
- 接口设计过于晦涩难懂，在设计 TensorFlow 时，创造了图、会话、命名空间、PlaceHolder 等诸多抽象概念，对初学者来说较难上手。
- 运行速度明显比其他框架慢。

（2）Keras

Keras 于 2015 年 3 月首次发布，拥有"为人类而不是机器设计的 API"得到谷歌的支持。它是一个用于快速构建深度学习原型的高层神经网络库，由纯 Python 编写而成，以 TensorFlow、CNTK、Theano 和 MXNet 为底层引擎，提供简单易用的 API 接口，能够极大地减少一般应用下用户的工作量。

① 优点

- 更简洁，更简单的 API。
- 丰富的教程和可重复使用的代码。
- 更多的部署选项，更简单的模型导出。
- 支持多 GPU 训练。

② 缺点

- 过度封装导致丧失灵活性，导致用户在新增操作或是获取底层的数据信息时过于困难。
- 许多 BUG 都隐藏于封装之中，无法调试细节。
- 初学者容易依赖于 Keras 的易使用性而忽略底层原理。

（3）PyTorch

PyTorch 于 2016 年 10 月发布，是一款专注于直接处理数组表达式的低级 API。前身是 Torch（一个基于 Lua 语言的深度学习库）。Facebook 人工智能研究院对 PyTorch 提供了强有力支持。PyTorch 支持动态计算图，为更具数学倾向的用户提供了更低层次的方法和更多的灵活性，目前许多新发表的论文都采用 PyTorch 作为论文实现的工具，成为学术研究的首选解决方案。

① 优点
- 简洁易用：更少的抽象，更直观的设计，建模过程简单透明，所思即所得，代码易于理解。
- 可以为使用者提供更多关于深度学习实现的细节，如反向传播和其他训练过程。
- 活跃的社区：提供完整的文档和指南，作者亲自维护的论坛供用户交流和求教问题。当然与 Tensorflow 相比，社区还是更小。
- 代码简洁、优雅，更好的调试功能，默认的运行模式更像传统的编程，可以使用常见的调试工具如 pdb、ipdb 或 PyCharm 调试器。

② 缺点
- 无可视化接口和工具。
- 导出模型不可移植，工业部署不成熟。
- 代码冗余量较大。

（4）Caffe/Caffe 2.0

Caffe 的全称是 Convolutional Architecture for Fast Feature Embedding，它是一个清晰、高效的深度学习框架，于 2013 年底由加州大学伯克利分校开发，核心语言是 C++。它支持命令行、Python 和 MATLAB 接口。Caffe 的一个重要特色是可以在不编写代码的情况下训练和部署模型。

① 优点
- 核心程序用 C++编写，因此更高效，适合工业界开发。
- 网络结构都是以配置文件形式定义，不需要用代码设计网络。
- 拥有大量的训练好的经典模型（AlexNet、VGG、Inception）在其 Model Zoo 里。

② 缺点

- 缺少灵活性和扩展性：Caffe 是基于层的网络结构，如果要实现一个新的层，用户必须利用 C++实现它的前向和后向传播代码。如果需要新层运行在 GPU 上，则同时还需要用户自己实现 CUDA 代码。这种限制使得不熟悉 C++和 CUDA 的用户扩展 Caffe 十分困难。
- 依赖众多环境，难以配置，GitHub 上基于 Caffe 的新的项目越来越少，已经很少用于学术界。
- 缺乏对递归网络 RNN 和语言建模的支持，不适用于文本、声音或时间序列数据等其他类型的深度学习应用。

另外，Caffe2 于 2017 年由 facebook 团队发布，是一个兼具表现力、速度和模块性的开源深度学习框架。它沿袭了大量的 Caffe 设计，可解决多年来在 Caffe 的使用和部署中发现的瓶颈问题。但 Caffe2 仍然是一个不太成熟的框架，官网至今没提供完整的文档，安装也比较麻烦，编译过程时常出现异常，在 GitHub 上也很少找到相应的代码。

第二节　创新进展

旷视在 2020 年 3 月正式开源 MegEngine。MegEngine（天元）是旷视开源的工业级深度学习框架，旷世也成为国内第一家开源 AI 框架的 AI 企业。天元可帮助开发者用户借助友好的编程接口，进行大规模深度学习模型训练和部署。在架构上天元具体分为计算接口、图表示、优化与编译、运行时管理和计算内核五层，可极大简化算法开发流程，实现了模型训练速度和精度的无损迁移，支持动静态的混合编程和模型导入，内置高性能计算机视觉算子，尤其适用于大模型算法训练。

华为在 2020 年 3 月正式开源 MindSpore。MindSpore 是一款支持端边云全场景的深度学习训练推理框架，当前主要应用于计算机视觉、自然语言处理等 AI 领域，旨在为数据科学家和算法工程师提供设计友好、运行高效的开发体验，提供昇腾 AI 处理器原生支持及软硬件协同优化。MindSpore 的特性是可以显著减少训练时间和成本（开发态），以较少的资源和最高能效比运行（运行态），同时适应包括端、边缘与云的全场景（部署态），强调了软硬件协调及全场景部署的能力。

第三节　产业发展特点与展望

　　深度学习框架是深度学习领域的核心工具。深度学习框架向外它能支持各类应用，例如核心部分的训练框架和训练后得到的模型。向内它能对接芯片，芯片会根据深度学习框架的算法来进行优化。它能为开发者提供最大的便利从而大大减轻开发者的负担，模型训练可以通过深度学习框架快速完成应用部署。当前，人工智能技术的发展和应用落地速度较快，对于大多数公司来说，人力资源和时间都是资金成本的瓶颈所在，所以作为人工智能开发环节中的基础工具，深度学习框架担任着操作系统的角色，是AI产业商业化的重要根基。

　　科技巨头企业是研发深度学习框架的中坚力量。目前，主流的深度学习框架都由国外的企业或研究机构开发，例如最开始伯克利大学和蒙特利尔大学联合推出的 Theano 和 Caffe 框架、谷歌开发的 TensorFlow、Facebook 开发的 PyTorch。在 2016 年下半年，百度开源了自研深度学习框架 PaddlePaddle，成为了国内趋势的引领者。2020 年 3 月，旷视推出了自己的 AI 生产力平台 Brain++，并开源了深度学习框架天元 MegEngine。华为接着也在开发者大会上推出了自研全场景 AI 计算框架 MindSpore。华为和旷视的加入让国产深度学习框架的产品变得更加丰富，使中国的框架能和国际上其他知名产品进行对垒。

　　企业研发投入不足，良性生态循环尚未开始。在研发投入问题上，国内科技企业往往无法提供像国外科技巨头所能提供的研究资金，同时国内企业更加追求眼下短期利益而不够重视对未来可能会用到的技术进行提前积累。在此大环境下，各种大企业更倾向于用现有成熟的深度学习框架而非投入资金进行自研。缺乏足够的科研投入就无法产出足够优秀的产品，进而导致无法建立良性的"投入—产出—回报"生态循环。国外科技巨头开发维护的深度学习框架开发时间长、维护人员多、研究资金雄厚，使得产品已趋于成熟稳定并在世界范围内拥有广泛的受众。目前国产深度学习框架还未成为主流，使用者占少数，在国际上影响力十分有限，战略缺位较为明显。

展望未来，有以下几个技术趋势有望成为下一代深度学习框架的主流。

（1）基于编译器的算子（operator）优化

如今，许多操作符内核都是通过手动或第三方库实现的，比如 BAS、CuDNN、OneDNN 等，这些库针对特定的硬件平台。当模型被训练或部署在不同的硬件平台上时，会造成很大的开销。此外，新的深度学习算法的增长速度往往比这些库的迭代速度快得多，这使得这些库常常不支持新的算子。深度学习编译器，如 ApacheTVM、MLIR、Facebook Glow 等，已经提出了在任何硬件后端上有效优化和运行计算的建议。它们可以作为深度学习框架的整个后端。

（2）统一的 API 标准

许多深度学习框架共享类似但略有不同的用户 API，这给用户从一个框架切换到另一个框架带来了困难和不必要的学习曲线。虽然大多数机器学习从业者和数据科学家都熟悉 NumPy 库，但在新的深度学习框架中，NumPy API 自然会成为 Tenor 操作 API 的标准。我们已经看到快速发展的框架 JAX 受到了用户的热烈欢迎，它的 API 完全与 NumPy 兼容。

（3）数据搬运作为一等公民

多节点或多设备训练正在成为深度神经网络训练的规范。最近开发的深度学习框架，如 OneFlow，从设计的第一天起就将这一观点纳入设计考虑，并将数据通信视为模型训练的整体计算图的一部分。这为性能优化打开了更多的机会，而且由于它不需要像以前的深度学习框架那样维护多种训练策略（单设备 vs 分布式训练），因此除提供更好的性能之外，它还可以提供更简单的用户界面。

行业应用篇

第九章

人工智能+制造业

第一节　影响

以人工智能为代表的新技术正在对生产流程、生产模式和供应链体系等生产运营过程产生巨大影响。

一、重塑制造业

人工智能对制造业的研发、生产、营销等方面都会产生不可预期的影响。在研发环节，基于人工智能技术可以实现行业需求发掘、用户画像；在生产环节，利用人工智能技术可以发挥其在网络化制造、智能工厂等方面的优势；在营销环节，通过人工智能技术可以提升营销效率。

二、促使传统制造业转型升级

人工智能与制造业的深度融合不但将加速新产品的开发过程，还将彻底颠覆原有的生产流程，人工智能程序不仅可以自动完成任务，而且还可以实现全新的业务流程。传统制造业规模化、标准化等特点，使其在生产个性化、定制化产品方面受到了一定限制，调整生产线需要花费时间和资金，面对巨额定制成本，许多企业无法为小批量定制化的产品安排合理的生产。人工智能的应用将会极大提升制造企业的柔性化程度，满足低成本大规模定制的需求。

三、代替人力

制造业一直是国民经济中就业岗位的大类。随着经济持续增长和人口老龄化的日益严重，劳动力逐渐减少，劳动力成本也在不断上涨。人工智能技术的发展将使大量的工业机器人在很多岗位和领域代替人类劳动，实现智能自动化，这将大大降低制造业的劳动力密度。

四、提高人的效率

人工智能通过增强劳动力技能带来生产效率的提升，以提高人的效率，经过重新培训的员工可以执行更高级的设计、编程和维护任务或创造性的工作。

第二节 应用

目前制造企业中应用的人工智能技术，主要围绕在智能语音交互产品、人脸识别、图像识别、图像搜索、声纹识别、文字识别、机器翻译、机器学习、大数据计算、数据可视化等方面。

一、用于缺陷检测的深度学习

在制造中，生产线中的缺陷检测过程变得越来越智能。深度神经网络集成使计算机系统可以识别诸如刮擦、裂纹、泄漏等表面缺陷。

通过应用图像分类、对象检测和实例分割算法，数据科学家可以训练视觉检查系统以进行给定任务的缺陷检测。结合了高光学分辨率相机和GPU、深度学习驱动的检测系统将比传统机器视觉具有更好的感知能力。

二、通过机器学习进行预测性维护

与其在发生故障时进行修复或安排设备检查，不如在发生问题之前进行预测。

通过利用时间序列数据，机器学习算法可以微调预测性维护系统以分析故障模式并预测可能的问题。当传感器跟踪诸如湿度、温度或密度之类的参数时，这些数据将通过机器学习算法进行收集和处理。

根据预测目标，如故障之前的剩余时间、获取故障概率或异常等，有几种机器学习模型可以预测设备故障。一是预测剩余使用寿命（RUL）的回归模型。利用历史数据和静态数据，可以预测故障之前还有多少天。二是用于在预定时间段内预测故障的分类模型。为了定义机器将要失效的时间，可以开发一个模型，该模型将在定义的天数内预测失效时间点。三是异常检测模型可以标记设备。这种方法可以通过识别正常系统行为和故障事件之间的差异来预测故障。

基于机器学习的预测性维护所带来的主要好处是准确性和及时性。通过揭示生产设备中的异常，分析其性质和频率，可以在故障发生之前优化性能。

三、打造数字孪生

数字孪生是物理生产系统的虚拟副本。在制造领域，存在着由特定机械资产、整个机械系统或特定系统组件组成的数字孪生。数字孪生的最常见用途是生产过程的实时诊断和评估、产品性能的预测和可视化等。

为了使数字孪生模型了解如何优化物理系统，数据科学工程师使用了监督和无监督的机器学习算法。通过处理从连续实时监控中收集的历史数据和未标记数据，机器学习算法可以查找行为模式并查找异常。这些算法有助于优化生产计划、质量改进和维护。

此外，利用 NLP 技术可以处理来自研究、行业报告、社交网络和大众媒体的外部数据。它不仅增强了数字孪生的功能，可以设计未来的产品，还可以模拟其性能。

四、智能制造的生成设计

生成设计的思想是基于机器学习的给定产品的所有可能设计选项的生成。通过在生成的设计软件中选择重量、尺寸、材料、操作和制造条件等参数，工程师可以生成许多设计解决方案。然后，他们可以为将来的产品选择最合适的设计并将其投入生产。

先进的深度学习算法的使用使生成设计软件变得智能。人工智能的

新趋势之一是生成对抗网络（GAN）。GAN 依次使用两个网络——生成器和鉴别器，其中生成器网络为给定产品生成新设计，而鉴别器网络对真实产品的设计和生成的产品进行分类和区分。

因此，数据科学家开发并教授深度学习模型以定义所有可能的设计变体。计算机成为所谓的"设计伙伴"，它根据产品设计师给出的约束条件生成独特的设计思想。

五、基于 ML 的能耗预测

工业物联网（IIoT）的增长不仅使大多数生产过程实现自动化，而且使他们节俭。通过收集有关温度、湿度、照明使用和设施活动水平的历史数据，可以预测能耗。其中机器学习和人工智能承担大部分实施任务。

利用机器学习进行能源消耗管理的想法是检测模式和趋势。通过处理过去消耗能源的历史数据，机器学习模型可以预测未来的能源消耗。

预测能耗的最常见机器学习方法是基于顺序数据测量。为了做到这一点，数据科学家使用自回归模型和深度神经网络。

自回归模型非常适合定义趋势、周期性、不规律性和季节性。但是，仅应用一种基于自回归的方法并不是足够的。为了提高预测准确性，数据科学家使用了几种方法。最常见的补充方法是要素工程，该工程有助于将原始数据转换为要素，从而为预测算法指定任务。

深度神经网络非常适合处理大型数据集和快速找到模式。可以对它们进行培训，以从输入数据中自动提取特征，而无须进行特征工程。

为了使用内部存储器存储以前输入的数据信息，数据科学家利用递归神经网络（RNN），它擅长跨越较长序列的模式。具有循环的 RNN 可以读取输入数据，并同时跨神经元传输数据。这有助于理解时间依赖性，定义过去观察中的模式，并将它们链接到将来的预测。此外，RNN 可以动态学习定义哪些输入信息有价值，并在必要时快速更改上下文。

因此，通过利用机器学习和人工智能，制造商可以估算能源账单，了解能源的消耗方式，并使优化过程由数据驱动。

六、认知供应链

当意识到数据量与物联网一起增长的速度时，很明显，智能供应链只是选择正确解决方案的问题。

人工智能和机器学习不仅使供应链管理自动化，而且使认知管理成为可能。基于机器学习算法的供应链管理系统可以自动分析诸如物料库存、入站装运、在制品、市场趋势、消费者情绪和天气预报等数据。因此，他们能够定义最佳解决方案并做出数据驱动的决策。

整个认知供应链管理系统可能涉及以下功能。

一是需求预测。通过应用时间序列分析、功能工程和 NLP 技术，机器学习预测模型可以分析客户行为模式和趋势。因此，制造商可以依靠数据驱动的预测来设计新产品，优化物流和制造流程。

二是运输优化。利用机器学习和深度学习算法可以评估运输和可交付成果，并确定对其性能有何影响。

三是物流路线优化。通用 ML 算法会检查所有可能的路线并定义最快的路线。

四是仓库控制。基于深度学习的计算机视觉系统可以检测到库存短缺和库存过剩，从而优化库存并及时补货。

五是人力资源规划。当机器学习算法收集并处理生产数据时，它可以显示执行某些任务需要多少员工。

六是供应链安全。机器学习算法分析有关请求信息的数据，需要谁、在哪里以及什么信息，并评估风险因素。因此，认知供应链可确保数据隐私并防止黑客入侵。

七是端到端的透明度。基于机器学习的高级 IoT 数据分析处理从 IoT 设备接收的数据。机器学习算法可发现供应链中多个流程之间的隐藏互连，并识别需要立即响应的弱点。因此，如有必要，参与供应链运作的每个人都可以请求所需的信息。

第三节　趋势、挑战和建议

一、人工智能将加速推进制造业增长

埃森哲测算，到 2035 年，人工智能技术的应用将使制造业总增长值（GVA）增长近 4 万亿美元，年度增长率达到 4.4%。调研机构 IDC

预测，到 2026 年将有 70%的全球 2000 强组织使用人工智能为基于风险的运营决策提供指导和见解，目前这一数字还不到 5%。

二、技术复杂制约推广

对大企业而言，在应用人工智能方面，目前最大的挑战是如何应用 AI 技术扩大业务规模，能够帮助企业完成这一挑战的人才和 AI 工具还不存在。对于传统制造企业来说，应用 AI 的主要障碍有多方面，其中之一是人工智能技术的复杂性。目前，很少有团队能够很好理解并且有效地实施这项技术。此外，由于制造环节数据的采集、利用、开发都有较大难度，加之企业的数据库也以私有为主，数据规模有限，缺乏优质的机器学习样本，制约了机器的自主学习过程。

三、做好员工培训

制造企业需要为员工提供更完善的再培训，帮助他们为未来的工作做好准备。传统企业除了需要做好转型方面的人才和技术储备，同时需要让员工理解人工智能的目的不是为了取代劳动力，而是为了增强员工能力、为企业赋能、帮助其成功。由于传统制造业在人工智能方面缺乏相应的人才储备，人工智能科技公司应该在培训劳动力方面发挥作用，率先在传统行业的新一波转型浪潮中帮助传统公司员工传授必要的技能。

第十章

人工智能+智慧交通

第一节 主要应用场景

智慧交通是指以出行数据互联互通为基础，将传统交通运输业和互联网进行有效渗透与融合，形成具有"线上资源合理分配，线下高效优质运行"的新业态和新模式。智慧交通使人、车、路的全面协同成为可能，为主管部门提供了体系化、智慧化的交通控制与管理解决方案。对于智慧城市的整体运营而言，智慧交通将改变城市未来的形态、发展布局和重大规划，助力城市智慧化、绿色化建设。未来随着 5G、人工智能、边缘计算等信息技术的进一步发展，共享出行、自动驾驶、动态定价等能够使人与物的移动更快、更安全、更经济、更环保。

智慧交通是 AI 赋能智能交通的关键领域之一。AI+智慧交通主要包括交通秩序和交通行为的智能化监管，交通秩序方面，主要是基于周围环境的实时情况，利用大数据、人工智能等技术对交通实施信息进行采集和分析，并通过算法迭代对不同道路、路口的通行效率进行分析和评估，并基于上述分析做出交通灯控制、交通诱导等合理决策，对不同区域、道路的流量进行科学合理的调度，全面提高城市交通运行效率和智能化监管水平。目前基于交通路网复杂性和动态性，该技术尚存挑战。交通行为方面，可针对驾驶员行为进行合理化监测，基于当前无证驾驶、疲劳驾驶、注意力分散等危险驾驶等因素，利用计算机视觉技术对驾驶员信息进行合理采集和分析，通过智能算法和管理平台实时分析驾驶员

行为,尤其针对异常行为进行判定,是全面提升道路运行安全的重要手段。目前针对构建"驾驶员信息挖掘+政策制定+监管执行+效果评估"的闭环管理体系已经开始了一些探索和尝试,主要功能包括驾驶员身份核验、疲劳驾驶/分神驾驶报警、异常行为报警、系统失效报警等。

智慧出行是 AI 赋能智慧交通的重要方向,也是产业界目前关注的热点。智慧出行是指利用 5G、人工智能、大数据、云计算等技术,同时依托卫星定位、高性能计算、地理信息系统等技术,将城市、城际道路交通系统状态进行实时感知和及时展示,构建个性化、定制化动态导航体系,服务百姓出行,具体包括提供路线推荐、智能导航、智能客服、电子支付、共享单车、网约车、手势识别等服务。同时伴随业务应用场景化扩展,出行过程的智能化服务也纳入智慧出行的范畴,包括身份核验、体温测量等。当前应用相对广泛的包括刷脸出行服务和智能客服等。刷脸出行服务目前已经在北京首都国际机场、深圳宝安机场、广州白云机场等得到应用,采用 AI 技术、自动化技术,快速实现差异化预安检、刷脸安检、智慧航显、刷脸登机等功能,全面提升传统人工安检的工作效率。智能客服利用智能语音语义技术、深度学习技术,搭建包含 AI 数字话务员、AI 数字员工、AI 数字语音交互大屏等为一体的智能化综合服务保障体系,可以实现 7×24 小时全天候标准化实时服务,全面提高用户体验。

智慧停车是 AI 赋能智能交通的关键领域之一,尤其是当前的无感支付已成为停车行业数字化转型的必要途径。在智慧城市的推进过程中,停车资源紧张、收费管理混乱等问题对停车智慧化、规范化管理提出迫切需求。依靠 AI+大数据能力开展智慧停车场建设(无边界道路、小区/公司停车场、汽车维修中心)成为一个重要突破口,智能停车系统可以快速、准确识别车辆/车牌信息,实现对停车区域内车辆身份检验、智能计费、计算剩余车位数量、对历史欠费车辆自动报警等功能。在结束停车后,利用机器学习中的机器视觉算法进行车辆和车牌识别,结合移动支付以及近场通信技术,最终形成无人值守+无感支付的典型 AI 场景应用。在此基础上,可以构建城市智慧停车云平台,形成与动态交通信息良性互动的局面,城市管理部门可以综合分析停车大数据、道路交通信息等,深入挖掘分析数据,制定更为合理的监管政策,全面

助力城市交通管理和交通上下游产业发展。

第二节 我国发展情况

长期以来，我国高度重视智慧交通发展，出台了一系列规划及政策推动产业发展。2016 年国家发改委、交通运输部发布《推进"互联网+"便捷交通促进智能交通发展的实施方案》，我国智能交通总框架基本确立。2017 年 2 月，国务院《"十三五"现代综合交通运输体系发展规划》发布，为"十三五"时期我国智慧交通的推进指明方向。2017 年 7 月，《新一代人工智能国家发展规划》发布，明确指出自动驾驶、车联网等在人工智能中的应用。2019 年 9 月，《交通强国建设纲要》发布，指出计算机、互联网、大数据、人工智能等技术的快速发展，将为智慧交通建设提供强大技术支撑。2020 年 2 月，国家发改委、工信部等四个部委共同发布《智能汽车创新发展战略》，提出我国智能交通发展目标。基于政策环境的持续优化，近年来我国智慧交通产业迅速发展，市场潜力巨大，根据相关统计数据，2024 年我国智慧交通行业市场规模超过 1.5 万亿元，2020—2024 年年均复合增速达到 13%。目前，阿里、腾讯、百度、华为、平安、高德等巨头企业积极推进智慧交通战略布局，初步形成了涵盖芯片、模组、设备、整车制造、运营服务、测试认证、高精度定位及地图服务等为主导的完整产业链生态。与此同时，各细分领域试点示范项目深入推进，到 2020 年上半年，我国智慧交通领域试点示范项目主要涵盖交通管控、智慧停车和智慧运输等细分板块，千万元级的项目总规模超过 100 亿元，同比增长 15%。以 2020 年 10 月，智能网联汽车 C-V2X "新四跨"暨大规模先导应用示范为例，共有超过 100 家单位参与，涵盖整车、模组、终端、安全、地图、定位、认证测试及运营服务等企业，为后续系统规模化商用打下了良好基础。在新基建浪潮驱动下，行业内运营企业、技术服务供应商持续加大研发投入，加快技术创新和标准化进程，未来几年智慧交通发展将持续推进。

我国智慧交通目前在技术创新、标准化推进和示范应用方面已经取得了一系列成绩，但是与国外先进技术相比，总体技术和应用水平还有一定差距。包括在产业建设方面的跨部门行业协调方面的效率要进一步

提高、异构网络融合技术创新方面存在一定差距、产业链各环节牵头主题不够明确导致的跨行业建设难度大、不同车辆系统安装标准化工作存在差距、智慧交通硬件配置标准化工作进程有待进一步加快、智慧交通安全技术研发能力需进一步提升、产业链车载芯片、模块及器件等研发及产品化水平有待提高等。

第三节 典型应用案例

北京房山 5G 自动驾驶示范区。车路协同自动驾驶是 5G 最典型的应用场景之一，也是人工智能应用于智慧交通的关键领域之一。房山区 5G 自动驾驶示范区致力于联合高校院所和产业界各方共同实现技术、标准、应用等多方面的合作，加快推进 5G、AI 等与自动驾驶深度融合，构建面向全国的自动驾驶测试平台，全面促进智能网联汽车和自动驾驶产业的发展。房山区政府与中国移动在北京高端制造业基地打造国内第一个 5G 自动驾驶示范区，建成中国第一条 5G 自动驾驶车辆开放测试道路，可提供 5G 智能化汽车试验场环境。通过信息共享、数据交互，实现多种车路协同应用场景，并进行基于 5G-V2X 的辅助驾驶增强场景创新，实现部分自动驾驶应用，探索直连通信的频率应用及运营模式，以及车联网商业运营模式。以"人－车－路－云"协同为基础，升级改造路侧设施、建设 5G 并优化通信网络，构建涵盖运输赋能、V2X 基础能力、多元出行服务等有机结合的综合服务平台。

深圳宝安国际机场升级为 5G 智慧机场。深圳宝安国际机场将 5G 与云计算、人工智能、大数据、北斗定位等技术深度融合，积极探索航班运行管控、安全监管、自动化作业等应用场景。机场联合华为等本土高新技术企业，在智慧机场建设进程中加快推进 5G 布局，为智慧机场建设进一步赋能。机场全面梳理了机场 28 平方公里范围内的 5G 网络需求，共 78 个 5G 应用场景，将 5G、AI 等与智慧机场建设深度融合。机场 5G 网络建设，可有效补充部分区域内无法进行大规模有线光纤管道施工建设导致的"有线局域网"覆盖盲点。在旅客服务方面，机场通过 4K 超高清摄像机及 5G 网络传输，直播飞机起降实时画面，增强了旅客出行体验。在安全运行方面，机场率先运用了深圳移动 5G MEC 边

缘计算能力，开展 5G+4K 巡逻车实时画面回传应用，实现巡逻画面全天候的实时监控和快速回查，从而提升异常事件处置效率。在安检入口人脸识别系统等方面，机场采用 AI 计算机视觉技术，深度融合于机场安检信息系统中，有效减轻机场工作人员的重复性服务工作，全面提高机场安全等级。同时，机场还围绕智慧机场建设大运行、大安全、大服务业务架构，积极开展 5G 自动驾驶、5G 智能服务机器人等创新实验。

重庆石渝车路协同智慧高速项目。重庆石渝高速是促进三峡库区发展的重要建设路段，也是全球地质和气象条件最复杂的道路之一。该项目部署车路协同智能设备 700 余台，是目前全球基于蜂窝车联网车路协同智慧高速中规模最大、场景最复杂的高速公路之一。系统覆盖范围 130 平方公里，部署道路侧 RSU 超 350 台，路侧感知、分析及显示设备超 400 套，改建和新建的立杆支架超 180 处。系统充分利用路测智能感知、AI 系统、北斗定位、智能地图引擎等技术，为高速公路提供道路动态风险提示、车路协同主动安全预警、异常驾驶行为预警及纠正、重点车辆全程监控、特定区域车辆安全定位等智能化应用，全面提升高速交通智能化监测和安全监管能力。

第十一章

人工智能+医疗

当前，我国正在深入实施健康中国战略，随着工业化、城镇化、人口老龄化进程加快，我国居民生产生活方式和疾病谱不断发生变化，社会迫切需要更加高效、精准的医疗健康服务。互联网、人工智能、大数据等数字技术作为提升医疗健康服务水平的有效技术手段备受重视。

第一节　主要应用场景

人工智能+医疗是基于互联网技术，借助医疗数据分析领域的一系列算法和软件，使用人工智能技术和大数据服务，模拟医生诊断的思维过程，从而使医护人员的诊疗质量和效率大幅度提升。具体来说，人工智能+医疗是指在没有医护人员进行直接指令的情况下，计算机进行自主模拟分析病人的病情并选择合理的医疗救治方式和病情预防措施。通俗地讲，人工智能+医疗即人工智能技术在医疗场景中的应用。

综合国内外人工智能技术在医疗场景中的应用，可以将其归纳为以下五大场景：医学影像、药物研发、生物技术、疾病风险预测、医院管理。"AI+医学影像"是指将人工智能在图像识别领域的突破性技术应用在医学影像领域，以提高医院的诊断效率和准确率；"AI+药物研发"是指基于人工智能技术，利用化学和生物学数据以及知识建立有效的数据模型，预测药品研发各不同环节的有效性、安全性和副作用等；另外，还有"AI+生物技术""AI+疾病风险预测""AI+医院管理"等。

应用于医疗场景的主要人工智能技术包含机器学习、计算机视觉、

自然语言处理等。机器学习是指通过统计学的方法使计算机获得不断学习的技能；计算机视觉是指计算机通过模拟人的视觉来获得物体识别、形状识别和运动判断等技能。自然语言处理是指计算机通过"学习"大量的语言数据获得语音识别、语义识别和自然语言生成的技能。

第二节　我国发展情况

我国仍面临医疗资源分配不均衡、医疗核心技术缺失的现状。近年来，人工智能技术不断成熟且开始广泛应用于制药、医疗器械和临床辅助等医疗服务领域，大大缓解了医疗资源不平衡、不充分的问题。2020年2月，工信部发布了《充分发挥人工智能赋能效用，协力抗击疫情倡议书》，提出在疫情管控、诊疗、办公、教育、疫苗研发等多方面充分利用人工智能技术。2020年3月，科技部发布了《关于科技创新支撑复工复产和经济平稳运行的若干措施》，明确提出要大力推动关键核心技术攻关，人工智能是其中一项。此外，编制面向智慧医疗、公共卫生、智慧城市、现代食品等应用场景的技术目录，打造国家级示范应用场景，推动实施一批医疗健康、智能制造、无人配送等新兴产业技术项目，引导消费和投资方向。

目前，我国人工智能技术在医疗领域的发展面对以下两个机遇。

第一，我国在中药研发领域具有独特的优势，将人工智能技术应用于药物提取，快速从古方和汤剂中筛选出真正有价值的成分进行深入研究，有利于攻克至今尚未解决的医学难题。

第二，我国仍面临医疗资源分布不均匀、不充分的现状，就医难、就医贵的问题依然存在。利用人工智能技术模拟医疗专家的思维，通过智能设备提升诊疗的质量和效率，降低就医成本，从而缓解部分地区医疗资源稀缺、成本高的问题，更好地为人类健康生活服务。

此外，人工智能在医疗领域的应用还存在以下三点挑战。

第一，高质量医疗数据较难获取。由于目前医疗数据的获取渠道并未标准化，部分企业与专家合作，但患者临床数据从法律意义上来讲并不属于专家。

第二，智能医疗的关键核心技术尚未取得突破性进展。目前人工智能技术主要应用于医疗实验和辅助阶段，而对如何治疗疾病并没有提供足够的技术支撑。

第三，急需形成智慧医疗产业链。医院和医疗的闭环尚未打通，且较多医疗应用面临谁来买单的困境。

第三节　典型应用案例

一、疾病风险预测

利用人工智能技术，依据历史就医数据以及行为、医学影像、生化检测等多种结果进行综合分析和判断，或者依据某个长期形成的单一数据进行疾病预测。

2020 年 10 月 19 日，新加坡全国眼科中心等机构的科学家研究开发了一种新方法，利用人工智能技术来预测个体患心血管疾病的风险。研究人员训练人工智能系统，使其能通过研究视网膜血管的扫描结果并描述既定患者的标志物数据，从而帮助识别心血管疾病的标记。但该系统如果要完成这项工作，首先其必须学会通过分析成千上万张图像及每位患者突出的相关标记，从而识别特殊的标志物，在这种情况下，研究人员利用来自不同背景人群的 7 万多张图像对这种新型系统进行了训练。为了检测该系统的准确性，研究人员将人工智能系统得到的结果与临床医生使用传统检测手段诊断心血管疾病风险（比如糖尿病、肥胖、BMI、不纯和糖化血红蛋白水平）的结果进行了比较，结果表明，人工智能系统在检测后对病人的追踪研究基础上的表现优于临床专家。

二、医疗影像

利用人工智能技术可以帮助医生对医学影像完成各种定量分析、历史图像的比较或者可疑病灶的发现等，从而高效、准确地完成诊断，主要应用于 CT、视网膜眼底图、X 射线、病理、超声、内窥镜、皮肤影像等。

目前，基于人工智能技术的医疗影像在心血管、神经、肿瘤等医疗学科领域已比较成熟，而由于缺乏有效的数据互通机制和统一的标准，

在其他医疗学科基于人工智能技术的医疗影像应用还比较少。腾讯觅影的结直肠肿瘤实时筛查 AI 系统和推想科技的深度学习技术医疗的影像辅助诊断解决方案已经取得阶段性突破。目前，腾讯觅影结直肠肿瘤筛查 AI 系统可以 1 秒钟查看 10 张影像，经过大样本、非同源、多中心的测试与统计，其对患者结直肠息肉定位的准确率达到 96.93%，对患者是否为腺癌判断的准确率可达到 97.20%。除此之外，推想科技研发的智能医疗影像系统包括智能 CT 辅助筛查系统、智能 X 线辅助筛查系统、深度学习科研平台等多种人工智能产品已在包括上海、武汉、大连等较多地区的医院影像科进行了使用。

三、辅助诊断

人工智能利用机器学习和自然语言处理技术自动抓取病历中的临床变量，智能化融汇多元异构的医疗数据，结构化病历、文献生成标准化的数据库，将积压的病历自动批量转化为结构化数据库。基于医院电子病历等系统，对患者信息推理，自动生成针对患者的精细化诊治建议，供医生决策参考，主要应用于病历结构化处理、多源异构数据挖掘、临床决策支持。

2020 年阿里健康推出了人工智能新冠肺炎辅助筛查技术。每位新冠病人有 300 张 CT 影像，该项技术可以快速分辨出新冠病毒引起的肺炎影像与普通病毒引起的肺炎影像间的区别。在日常情况下，医生通过观察每个病例的影像并进行判断所花费的时间为 5～15 分钟，阿里推出的该项人工智能新冠肺炎辅助筛查技术包含"感兴趣区域检测"和"相似 CT 图像检索功能"两项功能，能快速辅助医生在日常普通病毒引起的肺炎 CT 影像中筛查出新冠肺炎的影像，大大提高了抗击疫情的效率。

四、智能健康管理

随着各种检测技术（如可穿戴设备、基因检测等）的发展，个人健康数据越来越多、越来越复杂，包括生物数据（如基因等）、生理数据（血糖血压等）、环境数据（每天呼吸的空气）、心理状态数据、社交数据以及就诊数据（个人就医、用药数据）等。这些数据汇聚在一起，利用人工智能技术进行分析，可以对潜在健康风险做出提示，并给出相应的改善策略，最终可以实现对健康的前瞻性管理。

2020年6月，国内数字化健康管理企业妙健康与百度达成合作协议，共同探索人工智能、5G、物联网等先进技术与医疗健康系统的结合并开展进一步合作，以小度在家智能音箱为基础，为用户提供更方便快捷的健康管理、智能导诊用药提醒等多方面的产品服务。同年，为帮助澳大利亚政府减轻疫情期间的医疗压力，迪肯大学开发了人工智能健康管理软件——CovidCare，对疑似患者在家期间的隔离状态进行远程监控和分析，使防疫工作变得更加智能化，大大降低了重症患者的人数和死亡患者人数。

五、智能药物研发

新药的开发流程可以分为药物发现、临床前开发和临床开发三个部分。现代药物发现在技术上可以分为三个阶段：靶点的发现和确证、先导物的发现、先导物的优化。人工智能主要应用于新药发现和临床试验阶段。人工智能加快了疫苗和药物的研发过程。

得益于人工智能技术，2020年多种新型新冠疫苗能够迅速研发。人工智能以及（包括瑞士在内的）国际科学机构的合作，对迅速开展冠状病毒研究，特别是在预测新冠病毒（SARS-CoV-2）蛋白质结构领域发挥了作用，对于辉瑞（Pfizer）和莫德纳（Moderna）这种以核糖核酸技术为基础的疫苗来说，蛋白质是疫苗奏效机制的核心。2020年7月，在天津举办的第四届世界智能大会上，万钢指出，在大数据支撑下，人工智能算法创新使用的整序列、整基因组的RNA结构预测更为精准。此外，算力共享、分布式的计算，为疫苗和特效药物研发的数据分析、功效匹配、文件筛选等提供了有效支撑。

第十二章

人工智能+金融

第一节　主要应用场景

金融是人工智能重要的应用场景，人工智能在金融行业的应用改变了金融服务行业的规则。传统金融机构与科技公司共同参与，构建起更大范围的高性能动态生态系统，参与者需要与外部各方广泛互动，获取各自所需要的资源，因此在金融科技生态系统中，金融机构与科技公司之间将形成一种深层次的信任与合作关系，提升金融公司的商业效能。

一、特征识别

特征识别包括语音识别、文字识别和生物特征识别等计算机视觉技术的应用。语音识别技术主要通过语音特征提取、模式匹配、模型训练等技术方式将语音转化为计算机可读的输入。光学字符识别（OCR）利用光学技术和计算机技术把印在或写在纸上的文字读取出来，并转换成计算机能够接受、人又可以理解的格式。生物特征识别技术主要利用人体固有的生物特性，如指纹、面相、虹膜、掌纹、声纹，以及行为特征，如笔迹、声音、步态等进行个人身份的鉴定。人脸识别是生物特征识别应用的主要领域之一，是通过分析比较人脸视觉特征信息进行身份鉴别的一种方式。可将人脸识别技术划分为检测定位、面部特征提取以及人脸确认三个过程。人脸识别技术的应用主要受到光照、拍摄角度、图像遮挡、年龄等多个因素的影响，在约束条件下人脸识别相对成熟，在自由条件下人脸识别技术还在不断改进。

二、智能客服

智能客服是指能够与用户进行简单问题答复，通过人机交互解决用户关于产品或服务的问题。自然语言处理技术成熟度在各类人工智能技术中成熟度较低，但在客服领域中能够发挥较高的价值。语音合成是将任意文字信息转化为标准流畅的语音朗读出来，让机器实现像人一样开口说话。随着人工智能算法的加入，音色、情感等方面的模拟得以提高，使合成的声音更加自然，一定程度上可以达到真人说话的水准。以大数据、云计算特别是人工智能技术为基础的智能客服加速企业客服智能化，依靠知识图谱回答简答重复性问题，减少人工客服使用，提升客服效率及效果。客服机器人已替代40%～50%的人工客服工作，随着技术的不断完善，更多的客服工作将依靠人工智能来完成。

三、智能风控

智能风控是指借助人工智能技术，进行数据收集、行为建模、用户画像和风险定价，从而协助金融机构和监管层进行风险识别和防范的智能化风险控制系统。与传统风险管理以合规、满足监管检查为导向的模式不同，智能风控强调运用金融科技来降低风险管理成本、提升客户体验，体现了精益风险管理的思维理念，是互联网、大数据时代风险管理实务的变革与创新。智能风控一般包含数据收集、行为建模、用户分析和风险定价等流程，大量收集处理用户、交易和第三方的非结构化数据，构建反欺诈、信用评定等模型，并在实践中不断优化迭代，完成用户分析和风险定价。

四、智能投顾

智能投顾又称机器人投顾，是指根据投资者的财务状况、风险偏好、理财目标等，借助人工智能、大数据和云计算等技术，用机器为投资者提供更符合投资者自身情况的投资建议、资产管理及其他增值服务的服务决策系统。与传统投顾不同的是，智能投顾具备覆盖用户广、管理费

率低、能克服人性弱点、风险控制有力和利于抑制市场投机等特点,其顺应了"普惠金融"的发展要求。智能投顾可根据客户的风险水平、投资期限,基于传统投资理论及量化投资策略构建投资组合,并在投后进行自动风控和自动调仓。未来,随着人工智能技术逐渐成熟,投顾服务中的人工干预趋于降低,最终实现投顾服务全流程的高度自动化和智能化。

第二节 我国发展情况

随着中国人民银行和中国银保监会发布的涉及人工智能在金融领域应用的相关政策和指导意见的出台并实施,AI 金融政策方向趋向于收紧监管、促进技术发展和服务中小微企业贷款等方面。2020 年 1 月,中国人民银行发布了《金融科技创新监管试点应用公示(2020 年第一批)》,以"监管沙盒"的形式,在模拟场景中对人工智能、区块链等技术,以及银行 API 接口开放等模式,在金融业务中的应用进行弹性监管实验。2020 年 6 月,中国人民银行等 8 家机构联合发布的《关于进一步强化中小微企业金融服务的指导意见》中指出,运用金融科技手段赋能小微企业金融服务,鼓励商业银行运用大数据、人工智能等技术建立风险定价和管控模型,改造信贷审批发放流程。通过 OCR 识别、图像识别、NLP 和智能语音等技术,对各类单据进行识别和审核,起到降本增效的同时,降低机械风险和人员道德风险。在与 AI 技术公司的合作中,银行等巨型金融机构逐步认可了 AI 落地的价值,逐渐积累了 AI 技术能力,不断新成立全资科技子公司。

第三节 典型应用案例

一、蚂蚁集团

蚂蚁集团是中国最大的移动支付平台支付宝的母公司,也是全球领先的金融科技开发平台,致力于以科技和创新推动包括金融服务业在内的全球现代服务业的数字化升级。基于广泛的用户覆盖,公司为金融机

构合作伙伴提供数字金融技术支持、客户触达及风险管理方案，助力其提供消费信贷、小微经营者贷款、理财及保险服务。蚂蚁集团依托蚂蚁图智能平台和蚂蚁共享智能平台，致力于实现普惠金融。蚂蚁图智能平台支持百亿节点/万亿边的图数据推理和深度学习训练、毫秒级实时构图与查询能力；蚂蚁共享智能平台提供安全可信的数据共享和机器学习算法的跨机构联合建模能力，支持对百万元级金融样本建模和秒级计算。

二、京东数科

京东数科以大数据、人工智能、云计算、区块链等新一代信息技术为基础，为客户提供"科技（Technology）+产业（Industry）+生态（Ecosystem）"的全方位服务，打造产业数字化"联结（TIE）"模式。京东数科依托金融科技业务经验与技术能力，为银行、证券、保险、基金、信托等金融机构提供"技术+服务"的一站式数字化、可持续增长的解决方案，服务于金融机构在支付结算、财富管理、消费金融、企业金融、资产管理等专业领域的数字化升级。京东数科首创的异步联邦学习，通过异步计算框架和树状通信结构，极大提高了数据交互的效率并降低算力资源的需求。2020年8月，京东数科以1300亿元人民币市值位列《苏州高新区·2020胡润全球独角兽榜》第12位。2020年9月11日，上交所受理京东数科科创板上市申请。

三、金融壹账通

金融壹账通是面向金融机构的商业科技云服务平台，国家高新技术企业，运用人工智能、大数据分析、区块链技术等科技，为银行、保险、投资等行业的金融机构提供"科技+业务"的解决方案。作为中国平安集团的联营公司，金融壹账通目前共有16大解决方案，覆盖从营销获客、风险管理和客户服务的全流程服务，以及从数据管理、智慧经营到云平台的底层技术服务。金融壹账通于2019年在美国纽交所上市，截至2020年6月30日，金融壹账通服务客户已涵盖中国全部的国有银行和股份制银行、99%的城商行和53%的保险公司。

第十三章

人工智能+教育

第一节 主要应用场景

人工智能+教育的应用可以从面向对象的不同，划分为面向负责运营和管理工作的教育机构、负责教学的教师以及负责学习的学生等三个方面。教育机构方面，目前可以实现人工智能替代和辅助的场景主要有校园管理环节的智慧校园、宿舍人脸识别、校园安防、一卡通大数据等，教学管理环节的个性化分班、智能排课、智能考勤、智能学习规划指导等。教师教学方面，目前可以实现人工智能替代和辅助的场景主要有个性化教案、知识图谱设计、AR/VR虚拟教学、虚拟教室、智能答疑、智能批阅、智能伴读、课堂学生注意力视频分析系统、智慧点名系统等。学生学习方面，人工智能可提供的辅助服务应用主要有个性化智能辅导系统、智能化协作学习、智能化虚拟现实学习、智能作业辅助以及个性化课后练习等。

一、智能学习过程支持

智能学习过程支持主要面向学习者，是学生在智能技术支撑下的新型学习模式。它在各类人工智能技术的支持下，构建认知模型、知识模型、情境模型，并在此基础上针对学习过程中的各类场景进行智能化支持，形成诸如智能学科工具、智能机器人学伴与玩具、特殊教育智能助手等学习过程中的支持工具，从而实现学习者和学习服务的交流、整合、

重构、协作、探究和分享。它通过智能互动式学习、沉浸式学习和游戏化学习等方式激发学生兴趣，通过大数据智能化技术针对学生制定个性化学习路径规划，包括制定学习的目标及学习步骤构建新型学习形态，通过对学习过程中的学习负担监测与预警来保障学生学习的效果，为学生提供良好学习体验。主要包括三类应用：智能辅导系统（个性化辅导系统）、智能化协作学习、智能化虚拟现实学习。

智能辅导系统通过模拟真人一对一辅导实现个性化辅导，为学习者匹配最符合其个人情况的学习材料、活动，由学习者自主掌握学习进程，自我管理，同时系统使用教学策略帮助学生学习，帮助学习者应对挑战。早期的智能辅助系统通过错题库来诊断学习者的弱点并提出针对性的辅导，目前的智能辅助系统借助机器学习形成自适应学习系统，通过将不断优化的学习模型、内容模型等新型技术和模型引入自适应学习系统中并实现改进。典型的应用场景有智能题库、智能答疑、智能学伴等。

智能化协作学习通过人工智能技术建立小组协作学习模式，提升学习者的团队协作学习能力。借助人工智能对于学习者的知识技能的把握，智能组建学习小组，识别学习中的困难，针对性地提供解决策略支持，甚至通过虚拟同学逐步引导更有效率地自主学习和协作学习。

智能化虚拟现实学习借助人工智能+虚拟现实技术提供沉浸式学习体验，促进学习者对各种真实情景包括危险的、遥远的情景的理解，在这一过程中，人工智能持续地提供支持和辅导。

二、智能教师助理

智能教师助理主要面向教师教学辅助应用，是人工智能技术在教学环节的融合应用。智能教学从辅助教师教学方向出发，涵盖了备课、授课、作业与辅导、教研等多个教学流程，实现了对学生学情的精准分析、教学资源的精准推送，较大程度地减轻了教师教学负担，提高了教学的效率和针对性。目前，根据教学工作的内容，人工智能教育产品主要分为课内外教学以及课后测评分析两类。

课内外教学包括备课及授课活动。备课方面应用包括大数据的学情分析，优质教学资源的推荐，教案的按需生成，虚拟化课堂场景试讲等。授课应用主要包括线下课堂的教学视频行为分析等教师智能授课助手

以及线上的 AI 课程、AR/VR 虚拟教学等，可基于学情分析、学习者风格等综合因素动态调整授课内容与形式。

课后测评分析类产品主要包含智能批改与习题推荐、智能阅读推荐两类。智能批改与习题推荐类产品基于图像识别、自然语言处理、数据挖掘等技术，实现从教师线上布置作业，到学生完成作业后自动智能批改并生成学情报告和错题集，反馈给教师、家长和学生，并据此进行自适应习题推荐的全流程智能化辅助。智能阅读推荐依托数据挖掘、语音识别、自然语言处理等技术，通过对学生的阅读水平进行测试、对书库中的书籍进行智能化分级等一系列前期准备，将学生的测试结果与对应级别的书目相匹配，最终实现智能书目推荐的功能。

三、智能教育评价

智能教育评价主要面向学习者、教学者。随着图像识别、语音识别技术、文字识别技术、大数据等技术的深入发展，类似批改作业、考试阅卷类的教学测评活动将逐渐实现自动化、智能化。通过持续性地对学习者情况进行跟踪，对学习者的高阶认知、元认知、心理以及身体健康等进行多角度的综合评价，可以实现对学习者实际问题解决能力动态综合诊断评价、学习者心理健康监测预警与干预、体质健康监测与提升、运动监测与健康维护，对教师进行智能课堂评价等，以便教育工作者采取相关措施，助力学习者和教学者的成长和发展。

目前，教育评价常见应用场景主要包括三类。一是常规的作业评价，作文批改、口语学习、语音交互、钢琴陪练等。二是考试类应用，智能组卷、个人化出卷、智能阅卷、考情分析、错因诊断、学情报告等。三是其他素质教育类评价，如职业兴趣评估、学习风格测评、综合素质评价等。例如美国有一家运用预测性分析和机器学习帮助学生提高成绩的新兴信息企业希维塔斯学习，通过大数据技术对学生的分数、出勤率等情况及趋势进行分析，以提供教学预警。

四、智能教育管理

人工智能技术可以提升教育管理与服务水平。基于大数据的教育智

能决策系统，可以实现智能化行政决策管理和智能化教学决策管理的有机结合；智能教育系统通过将课堂教学数据、课后作业数据、历次测评数据的全面打通，实现对教育质量的动态监测。更为重要的是，人工智能算法可以最大限度地优化区域教育资源配置，实现优质师资在线流转，智能导师自动问答，提升教育和学习的供需匹配精度，促进教育公平。

智能教育管理主要应用场景包括教育机构的智能化和教学管理的智能化两类。教学管理的智能化方面，例如智能走班排课、学生/班级学情管理、教学分析、区域教育质量监控、教育决策平台等。教育机构的智能化主要是智慧校园类，校园监测预警、智能教室、智能图书馆、监考/校园安防、视频监控、门禁控制、宿舍管理、校园考勤等。

第二节　我国发展情况

目前，人工智能+教育已经基本覆盖了"教、学、考、评、管"的全链条，并已在幼教、K12、高等教育、职业教育、在线教育等各类细分赛道加速落地。此外，人工智能技术的发展还催生了多种人工智能+教育的新模式、新服务以及新业态落地。人工智能的应用当前它更多还是承担辅助的角色，未来可能将覆盖更多的教学核心环节。

技术方面，目前人工智能+教育领域的前沿技术正不断涌现。教育知识图谱、认知诊断、学习者建模、机器阅读理解与批阅等"AI+教育"领域创新技术在大规模使用的同时仍然在持续发展。

产品方面，在智能教师助理领域目前市面上的课内外教学产品主要有智能教育机器人以及智能英语教学两种。智能教育机器人包括面向儿童早教与陪伴的机器人，主要产品有科大讯飞的阿尔法蛋机器人、寒武纪智能的小武儿童陪伴机器人、智童时刻的 keeko 智能教育机器人、上海元趣的好儿优机器人等。智能英语教学则面向 STEAM 教育（Science、Technology、Engineering、Art、Mathematics），主要产品有寒武纪的扫地单机智能编程教育机器人、优必选的 Alpha Ebot 机器人以及 Canbot 机器人等。智能英语教学基于语音识别以及自然语言处理等技术，分为智能口语考试系统和人工智能口语老师等多种形式，主要产品有流利说、口语100以及盒子鱼英语等。

在教育评价与管理领域中,我国已有百度、斑马、乂学教育等诸多企业发力AI+教育领域。课后测评分析应用包括智能辅导、课后答疑机器人等。产品中发展相对较成熟、应用较多的是智能英语作文批改和智能数学题批改。主要产品有作业盒子、一起作业、极智批改以及批改网等。目前我国智能阅读推荐类产品相对不足,市面上的产品多来自美国,且以英语读物为主,包括悦读家园、雪地阅读等,此类多适用于母语为英语的学生,对于非英语母语的中国学生的适用性仍有待观察。

在智能教育管理方面,目前国内外已有多家企业实施布局。例如,旷视科技推出的智慧校园管理解决方案能够运用人脸识别技术有效解决校园安全、实名考勤等应用痛点。苏州科达推出了智慧校园视讯一体化解决方案,可以借助一体化球机、人脸门禁一体机、人脸闸机等新产品新技术,覆盖校区全景,实现对人、车的统一管控。橘子股份将人工智能、大数据技术运用在教育领域,构建了全栈式、一体化智慧校园解决方案,从交互、平台、数据、服务四个方向出发,实现了人工智能技术与校园安全、校务管理、师生服务进行深度融合。

我国在人工智能+教育在飞速发展的同时也面临着诸多问题。一方面,实现完美的人机交互仍需漫漫长路。另一方面,现有的人工智能手段通常服务于应试教育体系,缺少对教育应用的深入研究,人工智能技术尚未完全融入教育体系。

第三节　典型应用案例

乂学教育中小学在线教育平台。乂学教育成立于2015年,专注于K12领域智能个性化辅导的智适应教育,为教学双方进行智能推荐,提供专属的学习路径。近年来,乂学教育开发了以深度学习算法和知识图谱为核心的自适应学习引擎"松鼠AI",专注学生个性化教学,为教学双方提供最优学习路径,解决了当前智慧教育的一大痛点,为"因材施教"提供了可能。目前,该公司已与斯坦福研究中心成立了人工智能联合实验室,与中科院自动化所成立联合实验室,目前旗下松鼠AI产品的付费用户总量达到200万以上。

斑马AI在线教育平台。斑马AI课，是专为2~8岁孩子提供多学科在线学习的智能教育平台，基于领先的人工智能（AI）技术、强大的产品功能、优秀的教研团队，持续拓展学科方向，为孩子提供英语、数学思维、语文等多学科AI课程，满足孩子学习需求，多维度提升孩子素质与能力，实现孩子的全面发展。各学科课程产品基于AI技术与丰富的教研成果，搭建起全科智能教学体系；通过在线趣味AI课+专业老师同步辅导的科学课程模式，为孩子规划科学完整的个性化学习路径，有效提升孩子学习效率。斑马AI课是猿辅导在线教育旗下产品。猿辅导在线教育旗下除斑马AI课外，还拥有猿辅导、小猿搜题、猿题库、小猿口算等多款在线学习产品。

朗文小英APP。微软亚洲研究院与培生集团共同推出的"朗文小英"是一款以人工智能为驱动的交互式英语学习应用。将培生原版的英语课程与语音识别、自然语言处理、机器学习等微软先进的人工智能技术完美融合，为每个学生打造专属的智能化、定制化学习通道，提供个性化学习体验。"朗文小英"不仅可以像私人教师一样为学生提供有针对性的英语学习，还能更加明确地将学生的英语学习表现及时反馈给老师，从而帮助提高教学的效率和效果。

百度教育大脑。借助AI技术发展"看、听、说、想"四种能力，从而产出好内容和好体验，通过智能大数据分析及智能基数输出，百度智慧课堂助力区域教育资源共享共建，并让教育管理者能够及时了解教情、学情。百度教育大脑是在百度大脑基础上，基于AI、大数据和云计算，赋能教育产品和教育场景，为用户提供优质内容和智能服务的能力引擎，可以应用于从小学到高中阶段学生学习、老师教学、校园管理和学情分析等多个场景。教育大脑还推出智慧课堂等多个行业解决方案，满足师生在备课、授课、课后、师生互动等多个环节需求。目前百度教育大脑技术对第三方进行开放。

第十四章

人工智能+国家安全

第一节 主要应用场景

智慧警务。智慧警务是警务智能化的一种重要形态。目前，公安部门以大数据、云计算、人工智能、移动互联网、物联网等技术为支撑，信息化与智慧警务建设水平不断提高。智慧警务人工智能重点需求为利用机器视觉技术，对海量的视频信息进行更精确和更有针对性的分析排查，以发现犯罪嫌疑人线索。另外，随着广泛部署的道路监控系统与机器学习技术结合的可视化交通建设，对车辆与行人进行信息化的搜索分析，可实现道路动态指挥、调度车辆，优化危险的运输、应急救援等管理和服务。

智能安检。安检作业作为社会公共安全的重要方面，承担着预防犯罪，特别是暴力、暴恐类犯罪的重要任务。出入控制传统的安检系统，由以安检人员为主，配合安检金属探测门、X光机和视频身份识别所组成。由于通行人员携带物品具有复杂性，基于人力的安检环节难免出现误检、漏检等情况，影响安全防范质量。把人工智能技术应用在出入控制的安检环节，汇集与分析包括海关、机场、车站等各种安检领域的图像、音频与信息数据，可以有效提高现场安检的效率，并降低安检劳动强度和人为误差。同时，机器学习的算法可随大量安检采集的数据，不断形成新的训练样本数据集，强化相关算法形成新的算法模型，更新作业点，进一步提高人工智能水平。

深度学习+安防。安防是人工智能在国家公共安全中应用最广的领

域，在近些年以深度学习为代表的机器学习算法与安防进行了良好的结合。以深度学习和机器视觉理解作为基础技术支撑，分析处理公共安全视频监控的图像信息，应用在车辆监管系统的车辆检测、车牌识别、车辆特征识别等场景，应用在行人监控系统的人脸识别、人脸特征识别、人体检测、行人特征、行人步态识别、行人轨迹分析、行人人群密度分析等场景。把安防设备采集到的数据和视频信息，通过大数据结合定制算法，进行运算分析建模和数据转换匹配，再通过模式匹配，可以有效利用监控设备所采集到的图像和视频信息，提升了身份识别、分析判断、实时预测预警准确性和时效性，提高公共安全保障水平。同时，车辆识别技术和移动支付技术的结合应用，提高了高速路通行效率。

频谱预测。频谱预测在军事通信中的应用，是人工智能在安全领域中的又一个重要场景。目前，主要使用自适应通信系统以完成相应任务。使用信道扫描的方法，对不同频率的通信效果进行评估打分，最终按照得分高低选择最佳通信频率。自适应通信系统简化了通信流程，并且产生了可供利用的通信数据。但在瞬息万变的战场通信中，特别需要迅速准确的频谱预测手段，机器学习可以通过对历史数据的统计、分析来完成预测任务。军事通信中具有大量优质可靠的历史通信数据，利用这些既有数据，基于专门的智能云计算中心提供的算力，可以构建准确的机器学习模型。相比传统的自适应通信系统，机器学习模型除了具有预测频率准确、迅速和可靠性高的特征，还有可随历史数据积累而不断优化模型自身，提高预测的准确度的特征。另外，还有随环境的变化反映通信情况的特征，便于相关机构的后续科学研究。机器学习方法可以提高频谱预测的准确度，通过频谱预测与现有的军事通信数据结合，在军事通信对抗和通信网络组网方面到起事半功倍的作用。

战场态势评估。在国防军事领域，作战双方的兵力部署、装备、给养、地理、环境、气候等各要素的状态、变化与发展趋势的评估，对我军掌握战场核心动态、抢占部署先机，获得战场上的主动权，起着至关重要的作用。带有丰富场景信息的人工智能算据，能对纷繁的信息提炼、加工、归纳，为分析战场态势特征、空间、时间及相互多层次关系提供支持，不仅为有效模拟指挥员思维模式提供理论依据，也为从不同角度理解复杂战场态势提供理论依据，能够适应战场态势评估过程中的高维度要求。

军事舆情管理。军事舆情是舆情控制中的分支，主要指国内外互联网媒体中关于军事事件的评论和观点，在军队形象、国家军事政策、国防安全部署、反恐维稳等方面，都具有重要影响。目前，基于机器学习算法的军事网络舆情分析系统流程，可分为数据采集、数据预处理、模型处理和可视化展示等环节。对我国军事舆情来说，众多的军事情报网站一方面可作为网民舆论的载体，另一方面可作为对网民舆论的采集平台。通过相关算法分析纷繁复杂的信息及其原因、关系，管理者不但可及时解答网民们关注的问题，而且可防止不良态度或情绪的病毒式传播引发"舆论风暴"，为网民们提供一个和谐友好的军事舆情控制网络反馈环境。

第二节　我国发展情况

安防作为人工智能安全应用领域中最重要的一环，其技术和应用较为成熟。我国安防产业发展迅速，根据艾瑞咨询数据，我国人工智能+安防软硬件市场规模在 2020 年年底可达到 453 亿元。我国智能安防不仅在规模上逐年增长，在技术应用和领军企业方面也有较突出表现。

但是数据孤岛和封闭生态问题仍然存在于人工智能+安防领域。从目前产业发展以及智能安防应用来看，整体仍处于人工智能初级阶段，智能安防体系缺乏整体的统筹布局，企业通常各自为营，数据仍然处于孤岛状态。例如安防领域只能涉及公共治安、社区治安、居家治安、企业治安等多个领域，不同的企业商家在各自的领域快速割据扩张发展，但细分领域相互封闭，跨行业数据共享和联动很少。造成的结果就是各类产品均停留在人脸识别、行为识别、目标检测等数据分析检测阶段，未涉及大范围场景下的关联分析检测和跨行业的风险预测算法模型共享和研发等，容易对未来进一步发展城市安防大数据规划和融合形成壁垒。

第三节　典型应用案例

国防科技大学"AnBot"智能安保服务机器人。这款名为"AnBot"

的智能安保服务机器人是国防科技大学在第十二届重庆高新技术成果交易会上首次推出,此款机器人是我国首款集智能服务与安全保护于一体,低成本,同时具有自主导航定位技术、智能视频分析等技术的机器人。此款机器人身高149cm,重达78kg,巡逻速度为1km/h,最大行驶速度为 18km/h。机器人装备了以类脑和耳目等传感器等装置和各类智能系统,并通过内置地图同步进行实时动态定位以及路径规划,利用以深度学习为代表的定制算法进行视频智能分析已具有自主巡逻和监控的功能。同时依托背后提供的"天河"超级计算机作为云计算基础,利用强大的算力进行深度运算,可以实现更复杂的智能监控探测、身份识别、声光报警,以及为智慧城市建设提供安全预警分析等大数据功能和服务。目前,此款机器人已在国防科技大学营区、中国工商银行、长沙市博物馆、长沙黄花机场等多家单位推广应用。其"安保+服务"的设计理念和"事中处置"功能均属国内首创,对提升我国社会公共安全和反恐防暴能力具有重要意义。

第十五章

人工智能+农业生产

在农业生产的过程中，从栽培、生产、收割、封装、销售和食用的过程中，无时无刻不需要提取并监察大量信息。随着人工智能与信息技术趋于成熟，用户每天可以接收和传递海量用户，通过对有用数据进行精准分析，并实现实时共享，人工智能在农业生产中可以发挥更大的作用。

第一节 主要应用场景

计算机视觉、深度学习、边缘计算、智能机器人等 AI 技术都可以用于提高农业的生产效率，从高度信息化的猪场鹅厂，到智能分拣采摘机器人，用前沿科技的视角与脉络改造农业产业链，AI 已经开始输出真实的价值。

一、种子品质鉴定

作为农业生产中最重要的生产资料之一，种子的质量直接关系到农作物产量和生产效益。利用图像分析技术以及神经网络等非破坏性的方法对作物种子的种类、纯度和安全性进行检测，能有效控制和提高农产品质量。

二、精准农业

精准农业是在 20 世纪 80 年代提出的一种跨学科的新兴技术，其主

要实现方式是通过自动化技术对植物的生长进行精确监控，对每个不同区块上的植物生长状态和土壤状态，动态调节对农作物的培养内容，以达到资源投入效率最高，植物生长环境最优的结果。随着人工智能和物联网技术的飞速发展，以大数据互通作为支撑，农业与新一代技术进行跨界融合，精准农业在定制算法模型的指导下，能根据更广的资源数据为农业生产进一步降低生产成本、提高资源利用率，同时对不断进化的农作物品种进行数据模拟优化，从而进一步提高农作物产量和改善生态环境。

三、精准养殖

精准养殖是指在畜牧业领域，利用人工智能技术和物联网技术，以大数据作为训练集支撑，通过定制算法实现饲料的精准投放、废弃物自动回收等功能。同时，通过机器视觉技术实时监控动物行为，进行疾病自动诊断，以对未来潜在的风险进行提前预防。通过各类智能设备的开发利用和互联互通，畜牧业形成了精准养殖的、基于互联网平台的新型畜牧业生产模式。应用场景，例如大型的精准养殖自动化鸡场，可实现全自动分拣动物、繁殖养殖、饲料投放、粪便清理以及智能化捡蛋等功能。

四、设施农业

设施农业是最近几年迅速发展起来的具有高集成度的新型农业产业。利用市场上逐渐成熟普及的各类传感器，结合物联网技术，实时采集温室内的二氧化碳浓度、土壤温度、土壤水分含量、光照强度、空气温湿度等实时环境数据，利用人工智能算法对温室大棚种植管理进行精细化施肥和智能化调温，达到改善农作物品质、提高农作物产量、提高经济效益并同时节省人力的目的，实现温室种植的高效和精准化管理，典型应用场景为植物工厂。目前，植物工厂已成为经济发达地区解决人口资源环境及食物数量与质量安全等突出问题、发展现代农业的重要途径。它被认为是继设施园艺、陆地栽培、水耕栽培之后的又一新技术，也被称为"第四农业"。

五、新体系农产品经营网络化

新体系农产品经营网络化是利用人工智能与互联网电商平台结合进行在线营销，可以最大限度利用线上线下各类数据进行高效信息整合，降低农业生产成本，提升供应商与农户之间的关系。典型应用为使用智能手机软件或社交平台等建立商务交易平台，利用物联网和移动网络技术对农产品的信息进行分类管理和建立档案，可通过生产和流通过程的信息进行农产品质量的追溯管理，同时为消费者提供农产品相关的如生产流程、产地环境、质量检测等生产档案的信息，实现"从田间到餐桌"的全流程质量和服务的追溯功能，新体系农产品经营网络化可有效提升农产品的品牌效应，利用可全程溯源的特性确保质量安全。

第二节 我国发展情况

人工智能技术经历全速发展和各行业普及应用，已在农业领域进行了广泛的应用，涉及多个领域。利用到的人工智能技术包括但不仅限于语言和图像理解、自动规划、遗传编程、智能控制与搜索、机器人、专家系统等技术。最初人工智能技术在农业播种、栽培、耕种等技术环节进行了应用，例如农业专家系统。随后随着物联网技术和智能控制技术的爆发和市场普及应用，农业领域出现了养殖业中给禽畜使用的智能穿戴产品、种植业中的采摘智能机器人，以及探测病虫害系统、气候灾难预警等智能识别系统。这类新一代农业智能系统可有效提升资源利用率、减少人力支出、降低成本、降低化肥农药的使用，实现科学高效、绿色健康的饲养和栽培。

人工智能已经成为农业领域新一代产业进化变革的核心驱动力。智慧农业带来的革命性技术创新可有效帮助农业生产经营进行科学管理和更优分配农业生产要素。互联网公司利用强大的人工智能技术跨界进入农业生产领域的各个细分市场，使人工智能向传统农业进行深度渗透，从而深度改造传统市场，颠覆传统农业的营销模式，使农业生产、供应、销售整套链条更加紧密地结合在一起，大大提高了农业的生产效率。

第三节　典型应用案例

在精准农业领域中，安徽省滁州市全椒县现代农业示范园已建成"果园物联网+水肥一体化"应用系统，实时监测棚内温度、湿度、二氧化碳浓度和土壤墒情。除种植、采摘、日常养护工作外，包括灌溉、控温、施肥等在内的大部分工作，都由智能调控系统和感知系统完成。Blue River Technologies是一家位于美国加州的农业机器人公司，他们的一款农业智能机器人利用电脑图像识别技术来获取农作物的生长状况，通过机器学习、分析判断出哪些杂草需要清除、哪里需要灌溉、哪里需要施肥、哪里需要打药，并且能够立即执行。此外，除了播种和田间管理，农业智能机器人还可以帮我们采摘成熟的蔬果。在比利时的一间温室中，有台小型机器人，它穿过生长在支架托盘上的一排排草莓，利用机器视觉寻找成熟完好的果实，然后用3D打印出来的爪子把每一颗果实轻轻摘下，放在篮子里以待出售。如果感觉果实还未到采摘的时候，机器人会预估其成熟的时间，然后重新过来采摘。

在精准养殖领域中，位于北京市延庆区的奶牛场实现了智能喷淋，通过智能化的装置动态感知牛群位置，即来即喷，即走即停，获得了生态节水和效益的双提升。北京农林科学院农业信息与经济研究所于峰表示，目前"人工智能、物联网、大数据等信息技术在牛饲养过程中，主要体现在牧场硬件设备、软件信息的集成与联动，通过采集、生产、管理牛群体征等关键数据，为各生产环节的业务联动和精准决策提供量化数据支撑。"现阶段各项技术在位置追踪、发情期监测、牛疾病监测、进食监测、饲料投喂等方面均有实际应用。

第十六章

人工智能+能源、资源

随着人工智能快速发展，传统保守的能源行业也以发电和油气田开采为代表，积极进行与人工智能和大数据技术的结合。希望借助人工智能在商业领域取得的经验，对传统能源行业进行新一代信息化、智能化改造，打造与分享价值万亿元的工业物联网平台。

第一节 主要应用场景

电网预测与辨识技术。电网预测与辨识技术是基于大数据样本，通过以深度学习算法为主的机器学习，对电网进行趋势预测。在电源供给预测方面，人工智能技术可分析环境因素与可再生能源之间的相互影响，通过深度学习进行建模分析，并使用分类决策等其他工具进行模型整合，使系统具有自主学习能力，能对不同因素的相关性和内部运行规律进行分析，预测可再生能源的发电状况，从而大大提升预测精度。在用户侧方面，风能和光伏等电力连接到电网中，电网功率会随温度等外界条件波动变化其负荷，多种特性设备会明显加大电网负荷预测的难度。通过人工智能提供的算法和预测模型，可对不同因素在电网负荷预测中的作用和影响进行单独模拟，随着自我迭代次数和数据样本量的增加，负荷预测精确度也会不断提升。从电网运行安全方面来说，气象环境变化会影响设备的健康状况，引发设备故障或跳闸。人工智能技术可结合不同设备的技术参数、运行状态等信息，通过对设备故障跳闸积累的数据进行评估和建模分析，及时发现导致设备故障的原因和规律，提

升设备故障辨识的准确性和预测、预防。

智能电网调度技术。智能电网调度技术融合了新一代传感器技术、自动化技术和通信技术等，通过计算设备算力的提升和人工智能算法的演进，合理选择最优的电力系统，满足复杂运行的需要。不仅可以有效提升电能质量、降低生产成本、提高实时监测效果、提升电网运行的安全性，而且可为用户提供清洁能源，保障电力系统和绿色生态的和谐发展。人工智能利用机器学习算法，为电网调度生成最优模型，使调度数据的精确性和可靠性发生质的飞跃。同时，人工智能技术还可支持调度系统分析运算时效，减少人为失误，提升系统决策准确性。

地震资料解释。地震资料解释是利用大量地震数据获取地下信息的研究方法，其技术基于深度卷积生成对抗网络的分类方法对叠前地震波进行分类，具有深度卷积神经网络的特征提取能力，同时融合标签数据进行辅助训练，较传统分类方法极大地提高了识别精度。同时，采用合成地震记录生成的训练数据样本，还可进一步帮助模型检测断层及其倾角，预测效果也明显优于相干系数等概率算法。另外，机器学习所提供的算法模型还可提取地震数据中和盐丘相关的特征数据，以此建立全波形反演所需要的算法模型，从而生成用于盐丘的自动识别的盐丘概率图。

岩心岩石相分类。岩心岩石相分类是人工智能在油气资源勘探、开发中的一个重要应用，深度学习算法在岩心分析过程主要用于图像识别。传统的岩心岩石薄片图像识别，通常以专业人员的观察和描述为主，普遍存在效率低下、定量困难、周期较长等问题。同时，人为主观因素也会影响分类结果的准确性。以深度学习算法为主的人工智能技术，可对岩心岩石薄片进行物质、特征、孔隙等信息分类汇总、建模识别，具有高识别率、高运行速度和高精度等优点。目前，利用机器学习技术和卷积神经网络，对岩相分类的预测结果准确率可达90%以上。

第二节　我国发展情况

在智能化油田建设领域，我国已经实现了传统油气田向数字油气田的转变。20世纪90年代末，大庆油田就已经提出了数字化建设油气田

的概念，经过二十余年的发展，我国油气田生产企业已初步建设和应用了一批数字化油气田系统解决方案。该系统包含完整、及时、准确的数据库和数据库管理工具，解决了勘探开采过程中存在的资料收集、统计、查询和诊断等各个环境会出现的问题。智能油田运作的重点领域是对数据的统计、分析和挖掘环节进行深度的归类建模和分析，寻找数据之间的潜在联系和规律，达到准确预测油井产量的功能，同时该系统也可利用相关信息支撑油田勘测开发工作。数字油田建设让油田企业形成了数字化的形态，通过资料积累为大数据、人工智能等应用环节指明了发展路径。

在人工智能+数字化电厂建设方面，我国电厂的数字化程度相比发达国家还存在明显差距，大部分数字化改造还停留在传统现成总线技术方向，孪生数据之间并未充分互联互通。传统火电领域起步较晚，数字化程度不高且所关联的系统应用相对分散。数字化建设发展最好的属于核电领域，数字化集成度相对较高。总体来说，在电厂的数字化建设领域我国还需要进一步提升。同时建设数字化孪生工厂也存在明显挑战，在流程工厂领域，由于牵涉技术繁多、涉及机构复杂和工程体量庞大等因素，导致数据孤岛和信息传递丢失这两大困难常常出现在数字化电厂建设过程中。

第三节 典型应用案例

在新能源发电领域中，目前太阳能发电厂的规划工作工程设计仍然需要工程师手工完成，通常需要几个月才能完成大型商业项目的开发规划，并且需要各类工程师参与设计。现在，通过借助人工智能技术，只需在很短的时间就可以完成同样的设计规划项目。美国初创公司 HST Solar 是该领域的一家典型创业公司，其成立于 2013 年，专注于太阳能电厂的设计、开发和工程服务。通过该公司的平台，用户输入例如站点位置和有关要安装的设备等基本信息后，HST Solar 的人工智能算法将对这些数据进行分析，给出太阳能电厂每个部分的建设方案，并可细化到每个太阳能电池板的特定方向和倾斜角度，以实现能量转化的最大化，同时最大限度地减少强风等其他因素的影响。据该公司称，与人类

工程师设计的系统相比，AI 设计的太阳能发电场可以将再生能源的生产成本降低十至二十个百分点。

在能源储能管理领域中，美国加州初创公司 Stem 提供通过分布式存储技术优化企业能源能耗管理的业务。该公司开发的人工智能平台 Athena 可以为企业提供自动化实时的能源优化管理服务。其系统会每秒钟获取太阳能发电厂和电网负载数据，并根据电费、天气预报等各种外部数据，分析未来电价的变化走向，进行发送或存储电力，使企业能源存储价值最大化。

第十七章

人工智能+零售行业

第一节 主要应用场景

在"智慧零售"浪潮下,一些实体零售企业已经在特定场景下将人工智能整合进自己的业务,实现了智能化升级和变革,并从中挖掘出新的销售机会。由 AI 引发的创新模式确为零售企业提供了许多新的机会,为消费者打造一个高度语境化和个性化的购物体验和场景。

一、特征识别

电商平台每天都有数百万张图片,而通过计算机视觉和模式识别等深度学习技术,将通过大量图像进行分类和搜索,在不完整信息的情况下,自动识别图像和文本中的关键要素,为消费者提供个性化和便捷的消费体验。随着手机支付的普及,基于生物特征识别的自助支付也将成为线下零售店的标配。自助收银机一般提供屏幕视频、文字、语音三种指引方式,使用门槛低。除银行卡、微信、支付宝等多样化支付方式接入外,刷脸支付、指纹支付、虹膜支付等技术的支付手段也将逐渐引入。

二、消费者分析与辅助决策

由于每个个体消费者的数据量在不断增加,许多公司推出了基于 AI 的新一代数据分析平台,从而彻底改变零售企业的分析能力。通过集成传感器和特征学习,使得零售商更好地分配营销支出,识别和培育

高价值客户，最大限度地减少对无利润客户的影响。基于视觉设备、处理系统以及遍布店内的传感器，可以实时统计客流、输出特定人群预警、定向营销、服务建议、用户行为及消费分析报告。移动设备和应用程序的普及，使得越来越多的消费者习惯在碎片化的时间进行线上购物，如何将他们的这一系列浏览记录、消费历史等分解成数百个碎片化的实时决策，帮助消费者在购物中做出更明智的选择，对于零售企业而言将变得至关重要。

三、售前虚拟现实

近年来，随着 4G、5G 技术的普及，网络直播卖货时代已经到来。然而主播在经历长时间直播后，往往身体难以承受更大的工作量，为了不流失粉丝，24 小时为粉丝提供服务，虚拟主播将被普遍采用。智能主播数据分析、虚拟主播等适用于电商主播的人工智能技术融合了算法分析、语义理解等 AI 技术，对于消费端来说，这可以达到智能互动的目的，让主播与消费者更好地互动起来。此外，AI 还可以赋能虚拟现实商品展示、虚拟导购等环节。

四、智能机器人运管

有部分零售企业已经开始使用人工智能管理仓库库存，如应用基于深层神经网络的尺寸、包装解决方案，以消费者需求的精准预测来优化库存管理等。国外已有零售商部署了商业化的智能库存盘点机器人。此外，机器人导购对消费者而言早已不是新鲜事。机器人销售员的优点很明显，即成本低，增加用户购物过程的趣味性，从而提升销售。缺点也很明显，即商品识别精准度有待提升，人机对话精准度容易受到周围环境（如噪音）影响，语音、语义技术平台还有待进一步发展。

第二节　我国发展情况

根据国家统计局数据，2020 年，全国网上零售额为 11.76 万亿元，同比增长 10.9%，其中实物商品网上零售额占社会消费品零售总额的比重为 24.9%。2016 年，淘宝、蘑菇街、京东先后开启直播。2019 年，直播大爆发，抖音快手等内容平台和淘宝等电商平台纷纷大力发展电商直播，形式多种多样，包括 KOL 混播、店铺自播、基地走播、产地直播等，直播电商实现跨越式发展。商务部数据显示，2020 年上半年，全国范围电商直播数量超过 1000 万场，活跃主播数量超过 40 万，观看人数超过 500 亿人次，上架商品数量超过 2000 万。《中共中央关于制定国民经济和社会发展第十四个五年规划和二〇三五年远景目标的建议》提出，要加快构建以国内大循环为主体、国内国际双循环相互促进的新发展格局。智慧零售的发展有利于推动零售商、中小微经济体"上云用数赋智"，加快数字产业化和产业数字化，全面促进消费，催生新就业形态，拉动内需，全面提升人民生活品质，助力构建国内大循环为主体、国内国际双循环相互促进的新发展格局。目前国内 AI+零售产业格局大致可以分为互联网巨头和细分领域 AI 技术服务商两大阵营。其中，阿里和腾讯两大巨头持续赋能零售行业，阿里巴巴在智慧零售行业的重要投资布局包括饿了么、盒马、百联、大润发、菜鸟等；腾讯在智慧零售行业的重要投资布局包括美团、京东、家乐福、永辉超市、每日优鲜等。

第三节 典型应用案例

一、盒马鲜生

生鲜电商这一细分零售领域固然有着高损耗等行业特性，但其较高的 AI 智能化水平可以降低损耗，优化成本。盒马鲜生已成为阿里新零售的排头兵。在 2019 年中国超市百强榜单中，盒马鲜生由 2018 年的第 18 位上升到 10 强，销售额一年增长近 260 亿元，是榜单中唯一一家增速达到三位数的企业。根据阿里云官网，盒马技术负责人何崚表示，盒马的快速发展得益于通过智能化手段很好地构建了供给网络、履约网络和销售网络以及解决三张网的动态平衡问题。供给网络解决卖什么，卖多少的问题，包括品类规划和库存策略。及时履约体系包括计单算法和路径优化，平衡履约时效、最大化单一配送订单量，配送员的配送路径

和订单的先后顺序，以保证配送员手中的订单均能在大约半小时内送到，提高配送效率。智能门店云端一体业务解决方案，为劳动密集型的营运作业提供辅助执行和自动化执行，降低门店作业人员的绝对数量，优化门店销售和仓储策略。

二、宇视科技

宇视科技联合上海悠络客人工智能云平台，运用机器学习和计算机视觉两大技术，联合开发"AI+零售"商业连锁解决方案。"AI+零售"解决方案采用公有云架构，宇视前端硬件设备把视频流、图片流上传云端，公有云做数据分析，并根据不同的应用场景提供相应的服务。覆盖零售连锁、餐饮鞋服、汽车4S店、快消类，为新型门店提供顾客进店、逛店、结算、离店、复购等全流程精准化营销服务，为企业管理者提供人、财、货、场的全方位数据分析及智能管理服务。目前，宇视"AI+零售"解决方案已在餐饮、医疗、汽车、快消、教育、电子产品、生活服务等多个行业应用，服务于仁和药业、vivo、惠普、雪佛兰等45.6万家店铺。

三、云从科技

云从科技深耕商业零售领域多年，提供的商业智能解决方案，可通过连锁型门店的智能化管理方式，运用商业智能化分析计算店铺选址，对营业期间的客流、产品、语音提供智能分析与计算等一系列智慧化管理。推出AI+智慧运营平台产品，其起云智慧Mall，集人脸识别、头肩识别、跨镜追踪技术于一体，采用不同的AI技术方案，为购物中心建立多维度的客流数据采集、分析能力和一整套行业通用的运营指标体系，帮助商业地产运营者进行运营决策，可高效助力商业地产智能化、精细化运营。目前，云从科技已与海尔、国美电器、小米有品、百信广场等一线零售商展开"智慧零售解决方案"合作，全面开启AI+零售业务。

企 业 篇

第十八章

人工智能算法企业

第一节 科大讯飞

一、总体发展概况

科大讯飞作为全球知名人工智能领域的独角兽企业之一，多年来秉持"平台+赛道"共推进的人工智能发展战略，掌握自然语言理解、机器学习推理及自主学习等一系列核心技术的主导权，创新研发和应用成果不断涌现。尤其是近年来公司围绕人工智能核心技术领域的各项业务全面深入推进，AI 驱动的战略布局成果示范效应突出。尽管 2020 年由于新冠肺炎疫情影响了第一季度相关领域项目的推进，但伴随行业领域复工复产，经济逐渐复苏，根据公司 2020 年第三季度财报数据，截至 2020 年第三季度，公司营收 72.84 亿元，同比增长 10.82%；净利润 5.54 亿元，同比增长 48.36%，其中仅第三个季度营收就达 29.35 亿元，同比增长 25.14%；净利润 2.96 亿元，同比增长 60.79%，弥补了由疫情造成的第一季度营收下滑的不利影响。报告预计伴随公司在教育、医疗等行业人工智能业务的深入推进，公司全年的经营会继续保持良好增长势头，在人工智能平台创新和行业示范应用方面取得更突出的成果。

在推进平台赋能方面，科大讯飞依托在 2010 年上线的国内首家国家级人工智能开放平台，强化核心技术研发和应用服务能力，围绕运营商、金融、保险、电力、交通、能源等行业客户的重点应用场景，提供海量用户智能语音及人工语音产品和解决方案，降低企业运营和转型成

本，优化用户服务体验。2020 年，科大讯飞主导制定的全球首个智能语音交互 ISO/IEC 国际标准、全双工语音交互国际标准正式获批立项，该标准也成为在人机交互领域中，首个由中国牵头制定的智能语音交互国际标准；2020 年 1 月，工信部"新一代人工智能产业创新重点任务入围揭榜单位"揭晓，科大讯飞智能语音交互系统（iFLYOS）和讯飞听见会议智能翻译系统、讯飞翻译机项目，均入围揭榜单位，讯飞多病种人工智能影像辅助诊断平台入围潜力单位，进一步巩固了公司在人工智能领域的国际领先水平。

在创新行业应用方面，科大讯飞人工智能推进源头技术创新和产业应用的互动发展，优化应用规模和深度，在场景的深度应用中推进"算法-数据"的持续迭代升级，助力教育、医疗、司法、会议等应用场景落地，培育一系列杀手锏应用。在教育领域，打造全面覆盖教、学、考、管四大主场景的智慧教育全栈产品，实现教学环境数字化和智能化升级，并在实践中对教学教材进行数据化积累和分析，优化模式创新。医疗领域，致力于通过打造基于 AI 的辅助诊疗，全面提升医疗尤其是基层医疗系统的智能化诊疗能力和服务水平。司法领域主要立足于国家"平安中国""法治中国""廉洁中国"建设，全面打造智能庭审系统、刑事案件智能辅助办案系统等一系列应用，尤其是"AI+政法"相关产品与解决方案规模化应用成效突出，已覆盖全国 31 个省市。办公领域打造基于讯飞听见会议系统的智能化环境，同时配套研发录音笔、智能办公本、会议宝等产品，形成办公应用的系列全栈产品。智慧城市领域，打造"城市超脑"核心产品及应用体系，形成智慧政务、交通超脑、智慧水利、智慧信访、智慧园区等场景的全套解决方案。

二、重大发展战略

强化核心技术和市场赋能。核心技术赋能方面，讯飞开放平台向开发者提供的人工智能核心技术始终保持业界领先水平，并长期致力于智能语音、计算机视觉领域、认知智能等关键技术的突破。讯飞输入法升级新一代融合语音识别框架引擎及拼音云输入引擎，尤其在疫情期间推出"武汉话转普通话"功能助力医患沟通，全面助力打赢抗疫战斗，同时该系统还配备安卓无障碍模式，全面适应视障人群需求，获得中国电

子信息联合会"国货新品"的荣耀称号。2020年1月17日,科大讯飞在德国The 20BN-Jester Dataset手势识别评测中以97.26%的准确率斩获冠军,并刷新世界纪录;2020年5月4日,参加国际多通道语音分离和识别大赛(CHiME)并成功获得三连冠的耀眼成绩;2020年5月获得多步推理阅读理解评测HotpotQA第一名,并全面刷新所有评测记录,全面奠定多项技术的国际领先优势。市场赋能方面,基于讯飞开放平台基础,围绕AI应用业务,致力于打造"技术+资源"的复合型智能营销平台,构建智能投放、流量交易、AI创新和数据平台的全链路智能营销体系,成效突出。2020年"6.18"活动期间,该营销平台电商引流人次同比提升34%,每天的移动端用户数覆盖高达7亿人次,电视端覆盖超2亿家庭。

探索和培育创新消费产品和服务。科大讯飞长期以来积极推进AI技术制高点与场景应用的结合,不断探索和培育创新消费产品和服务。2020年公司在讯飞录音笔、讯飞智能办公本等"AI+硬件"新品类的基础上,进一步丰富产品品类,扩大用户群体覆盖。例如围绕"AI+办公"场景的市场需求及用户痛点,针对不同的具体场景和应用群体,全力打造科大讯飞"AI+办公"系列产品族,丰富产品矩阵,推出智能录音笔A1、讯飞会议宝S8等。其中录音笔SR系列各种性能指标进一步优化升级,录音方面最新增加支持录音声源定位,实现更好的拾音效果;增益降噪使得产品在5~15米录音时转写准确率提升30%,声音来源更加清晰;同时新增方言、少数民族语言以及多语种的支持,并基于角色分离、自动摘要等功能对相关信息进行学习和分析。2020年科大讯飞C端产品在"618大促"中斩获京东、天猫、苏宁易购三大平台22项第一,核心品类连续多年保持销售额第一,在疫情影响下实现逆势增长,整体销售额累计同比增长超40%。To C业务实现营业收入16.35亿元,在整体营收中占比达37.59%;实现毛利7.82亿元,To C业务毛利占比达39.24%。

广泛开展全球合作业务。科大讯飞的市场竞争离不开广泛的生态合作,目前企业积极强化产品的国际化布局和全球服务能力,构建全球生态合作伙伴的科大讯飞开放平台。截至本报告期末,讯飞开放平台已对外开放318项AI能力及方案,连接超200万个生态合作伙伴。据《中

国智能语音产业发展白皮书（2018—2019）》显示，科大讯飞市场中文语音市场占有率排名第一，达到44.2%，各项核心竞争力领先地位突出，同时在多个重要细分领域市场占有率超60%。讯飞开放平台通过技术赋能、市场赋能和投资赋能，为开发者团队提供从初生到壮大的全链路服务，持续营造和谐共赢的开发者生态。

三、重点领域发展情况

智慧教育方面，基于个性化学习等具体应用场景，对科大讯飞平台进行以人推题、分层推题等核心功能开发升级，实现了推荐算法的个性化定制。同时对学习数据进行深度挖掘，打造智学网平台，全面提高教学的科学性和高效性，目前该平台已全面覆盖全国16000余所学校，每年处理的过程化学习数据高达350亿条。此外，根据海量的过程化学习数据，对学生群里的知识掌握情况进行全面掌握，对相关的知识薄弱环节进行梳理总结，为学生定制个性化学习资源和路径。目前公司的个性化 AI 辅助产品——讯飞学习机已推出，规模化进程正在持续加快。为全面助力全国抗疫战斗，2020 年疫情期间公司制定在线学习方案，为全国 21 省市 6500 余所中小学提供人工智能教育产品和服务，累计服务师生超过 1500 万人次。

智慧医疗方面，积极扩展基层医疗机构的智慧医疗应用。以科大讯飞"智医助理"为例，2020 年上半年覆盖上线 66 个区县 13906 个基层医疗机构，同时在西藏、内蒙古、青海、北京、新疆、黑龙江、浙江等地逐步进行试点及应用，人工智能辅助诊疗"安徽模式"实现全国推广。截至 2020 年第三季度，"智医助理"辅助诊疗系统在全国 11 个省市近百个区县、超 2000 个乡镇级医疗机构、超 20000 个村级医疗机构投入使用，日均提供超 30 万条辅诊建议，累计服务数亿人次。尤其在疫情期间，"智医助理"累计处理基层就诊病历 632 万份，全面提高诊疗效率。

智慧政法方面，公司针对智慧警务、智慧法院、智慧检务、政法协同等应用场景打造端到端一体化平台相关产品与解决方案，全面加快在全国的规模化应用，实现公、检、法、司、纪等方向业务全覆盖。智能庭审系统语音识别准确率超过 95%，庭审时间平均缩短 30%，全面提升庭审效率。同时基于疫情实际需求，研究开发新的互联网庭审系统并向

各地法院提供免费基础服务。截至 2020 年第三季度，上述系统语音相关应用已覆盖全国 31 个省市、2300 余家法院、近 10000 个法庭。刑事案件智能辅助办案系统覆盖常涉罪名 102 个，已在上海提供证据指引 54 万余次，全国实现辅助案件办理超过 30 万，试点示范效应非常突出。政法跨部门大数据办案平台率先在全国探索政法协同单轨制模式，卷宗制作时间从一卷 25 分钟缩短至 8 分钟，案件流转效率提升 72 倍，办案周期平均缩短 2.5 天，整体效能提升 80%。目前平台已在上海、深圳、安徽等 9 省市落地应用。

第二节　旷视科技

一、总体发展概况

旷视科技是我国人工智能领域的独角兽，公司成立于 2011 年，2017—2019 年度公司营收从 3 亿元增长至 12.6 亿元，涨幅超 300%。根据公司数据，截至 2020 年第三季度，公司已经实现营收超 7 亿元，但由于 2020 年疫情、优先股公允价值变动、研发投入及业务拓展投入增加等因素影响尚未实现盈利。2021 年 3 月，公司首发申请获受理，计划募集资金 60 亿元，主要基于主营业务强化公司核心竞争力提升。目前，旷视科技基于"1+3"战略，加快推进技术落地。"1"即自主研发的 AI 生产力平台 Brain++，"3"即围绕消费物联网、城市物联网、供应链物联网等 3 大应用场景，打造一体化、全栈式的 AIoT 产品体系及服务，实现 AI 对行业的赋能。从细分业务领域来看，城市物联网是其营收最大的业务，公司基于"AI+安防"领域的业务收入占比超过总收入的 64%。此外，公司还创新开展供应链物联网相关业务，尽管目前"AI+物流"收入目前占比不高（7.49%），但潜力可期。

二、重大发展战略

打造疫情防控常态化智能产品体系。2020 年新冠肺炎疫情期间，旷视科技成立"AI 抗疫联合攻关项目组"，开发上线了"明骥 AI 智能测温系统综合解决方案"。该系统采用"人体识别+人像识别+红外/可见

光双传感"方案，实现每秒测温15人，无接触测温距离达到3米，全面提升高密流动场景测温工作效率，同时结合实际工作需求，陆续推出平台版、便携版、Lite版、Mini版等系列，助力科学防疫工作。该系统自2020年2月上线以来，应用成效突出，入选工信部信息技术发展司《2020年新型信息消费示范项目》名单的新型产品类示范项目，得到业界广泛肯定。与此同时，公司还基于疫情常态化阶段推出了一系列创新产品，包括Koala智能测温通行系统、神行测温面板机等多样化测温系统与组合，广泛应用于交通、学校、园区等场景，积极打造疫情防控常态化智能产品体系，全面助力复工复产复学等进程。2021年，NFS2020年度CEO峰会在北京举办，旷视凭借在科技抗疫领域的贡献，获评"2020年度最具疫情贡献创新企业TOP10"，进一步奠定了其技术和产品的创新领先地位。

持续推进AI领域"1+3"战略体系。旷视科技负责人表示，目前公司正持续、全面、深入推进"1+3"战略。通过个人物联网、城市物联网以及供应链物联网跨领域、跨产业融合，旷视科技将进一步扩展AI领域及范围，培育行业支柱性产业，实现百亿到千亿级收入。2020年9月，发布Brain++1.0版，同时打造个人物联网、城市物联网和供应链物联网三大行业软硬件体系化旗舰产品。

强化"十四五"期间人工智能对数字经济的赋能作用。旷视科技负责人表示，目前我国的数字化转型已进入下半场，AI作为生产力的底层系统，将为智慧城市、智能制造等各行业实现数字智能化提供更多支撑。AI进一步赋能数字经济将从三个方面开展，一是全面推动AI产业化，用AI夯实数字经济的底座，强化基础支撑；二是促进产业AI化，推动AI与实体经济的深度融合，全面推进各行业数字化转型升级进程和模式创新；三是加速AI治理，推动技术的可持续发展，全面构建可预期的、可被约束的、行为向善的AI治理机制，引领各行业健康、有序发展。

三、重点领域发展情况

面向消费物联网方面，旷视科技基于SaaS产品体系，为全球消费者提供数十种个性化、定制化的AI能力。同时累计为数亿台智能手机

提供设备安全和计算摄影解决方案。2020年2月，旷视科技开发上线了"明骥AI智能测温系统综合解决方案"，为抗疫战斗做出突出贡献。2020年4月担任智能测温标准工作组组长，牵头制定全国首个智能测温标准，同时发布facestyle美业解决方案。2020年6月，公司推出新一代人脸识别门禁一体机等系列产品。2020年10月，公司发布包括河图2.0版本和7款"AI+物流"硬件新产品，并发起成立AI物流产品联盟，全面推进全国AI物流生态体系的打造。当前，旷视科技刷脸相关技术领域涉及人群高达1亿人，信息图库数量超越10亿张，总调用量超过了60亿次，合作的APP达到1.5万个，活跃的开发者超过2.4万人，人脸识别率超过97%，占据国内市场的绝对领导地位。

面向城市物联网方面，旷视科技基于现代化城市的智能基础设施建设、规模化治理、各行业/领域场景智能化建设、产业数字化转型等方面需求，打造软硬件结合的一体化全栈式解决方案，全面推进我国新型智慧城市建设进程。旷视科技创新研发AI摄像头，强化硬件配套和软件计算机视觉算法的升级配套，打造智慧城市新型数字底座，目前该方案已经广泛应用于全球十余个国家和地区，在我国开展部署的城市超过100个，规模化进程不断加快。

面向供应链物联网方面，旷视科技依托智慧物流操作系统——河图（HETU）为核心，强化全栈式AI智能物流设备的配套，目前构建基于鞋服、医药、智能制造、零售电商等行业应用场景的个性化、定制化方案体系，目前已服务企业近百家。以智能仓储为例，旷视科技基于"人工智能+机器人+物流自动化"技术组合，构建"AI+智能物流设备"软硬一体化产品、解决方案和服务，与传统的人工供应链方式相比较，机器人能实现全天24小时不间断运行，保守估计生产效率能提高30%～50%，全面助力企业智能化、数字化升级，创新管理模式，实现降本增效。

第三节　商汤科技

一、总体发展概况

商汤科技作为AI领域的独角兽企业之一，在人工智能算法领域具

备全球领先。近年来，依托自主研发、具备全球竞争力的深度学习平台和超算中心，在人工智能面部识别、无人驾驶及视频分析等技术领域实现了新突破，公司预计2020年销售额增长80%。2020年，恒大研究院发布2020年中国独角兽报告，商汤科技以估值60亿美金排名15位。作为国内目前估值最高的企业，商汤科技专注于计算机视觉和深度学习领域的核心技术开发，在人脸识别、图像识别、文本识别、医疗影像识别、视频分析、无人驾驶和遥感等关键技术领域中都占据主导地位，并积极开展在智能手机、智慧城市、数字文旅、智慧教育等领域的战略布局，致力于打造适应不同应用场景的AI新产品和新方案，在2020年全球权威的人脸测试"NIST FRVT 1：N 2020"中一举获得五项第一，算法准确率比第二名高出一个数量级。

二、重大发展战略

全面推进OpenMMLab战略升级为"人工智能算法开放体系"。在2020世界人工智能大会上，商汤科技宣布为全面深入推进人工智能领域的开源趋势，将原有的OpenMMLab升级为迄今最完备的计算机视觉算法体系和框架——"人工智能算法开放体系"，设计到的研究方向和领域达10余种，开放各种算法百余种，预训练模型600种，全新发布7个算法工具箱，并在后续还将持续开源更多算法。新体系涉及的研究方向都是基于CV领域最新的热点和难点，包括图像分类、检测、语义分割、动作识别、3D点云、图像超分辨率、图像修补、图像编辑、人体关键点检测和跟踪等，致力于全面提升公司在AI领域的核心竞争力。通过该项目，公司致力于面向市场需求加快人工智能的开发和规模化部署，建立供应商和客户个性化和定制化服务，降低成本；致力于面向产业内容，丰富产业生态内涵；面向底层开发技术方面基于MMCV计算机视觉基础库，打造完整的行业领域数据库，构建完善、可靠的软件栈，降低技术开发难度。

深入开展城市级AI计算平台示范。2020年7月，商汤科技上海新一代人工智能计算与赋能平台项目启动，该项目是商汤科技平台战略的有效实践，平台综合大规模AI算力、工业级AI算法、开放式AI服务，打造智能化、一体化的城市级AI计算平台。平台自下而上包括基础硬

件设施、平台基座、系统框架、算法工具链、解决方案到上层应用落地，构建了完善的新一代人工智能计算与赋能平台架构体系。系统可以根据不同行业的个性化、定制化需求，提供多层次的 AI 赋能能力，优化产业转型能力，同时全面提高核心原创 AI 算法模型的批量生产效率，打造完整的客户服务生态体系。根据相关数据统计，该平台在计算和处理能力方面全球领先，估计建设完成后可以同时接入 850 万路视频，可以满足四个超 2000 万级的超大城市的运行和发展需求使用，24 小时可以处理相当于 23600 年的视频，应用前景非常广阔。

三、重点领域发展情况

AI 算法和算理方面，商汤科技自成立以来就不断优化自身计算硬件平台的配套，自建超算中心。2020 年公司在全国各地部署的超级计算机集群数量达 20 余个，总算力超过 200PFLOPS，训练各种类型的算法模型超过 3000 种。针对核心算法创新研发，企业有专业的技术研发及服务团队，长期开展研究、跟踪及试验，当前已公开相关领域专利达到 2000 件。在国际计算机视觉与模式识别顶会 CVPR 2020 上，公司获得三项比赛冠军，62 篇论文入选研究成果。

图像识别方面，商汤科技一直致力于人脸识别、人脸解锁等关键技术及解决方案的研发，陆续推出"3D 人脸识别智能门锁解决方案"、智行人脸识别一体机 SensePass Pro 等产品及方案，在业内处于领先地位。目前公司人脸解锁手机覆盖可高达 4.5 亿台，人脸解锁达到 300 亿次/天。据不完全统计，酒店大堂商汤科技提供的平均刷脸入住服务高达 3 亿人次/天。在 2020 年 12 月举办的科技无疆 2020 年度科技产品大奖评选中，商汤科技 3D 人脸识别智能门锁解决方案荣获 2020 年度行业创新奖，进一步引领了人脸识别产业领域产品技术创新和突破。与此同时，公司还积极推进遥感图像方面工作，已经广泛服务于国土、水利、农林等超过 12 个行业的商汤智能遥感业务，影像存储数据量总面积是我国国土面积的 50 余倍，影像解释范围超过 40 万平方公里，数据处理量超过 4 万 GB。

自动驾驶方面，目前公司有逾 30 家全球合作伙伴，赋能 300 万辆车辆，核心竞争优势突出。2020 年 6 月，商汤科技正式获得由上海市

颁发的智能网联汽车道路测试牌照，开启了指定公开道路上无人驾驶测试技术创新的新阶段。在 2020 年 10 月举办的中国汽车工程学会年会暨展览会上，商汤科创新升级智能驾驶技术，全面推进车端、路端的智能化升级。该方案基于自主研发的深度学习超算平台 SenseParrots、基础算法工具链、大数据标注仿真平台和智能硬件配套设施，全面赋能多层次、多车型的自动驾驶系统的开发和应用，同时针对 V2X 车路协同等场景进行优化，研发创新基于 FPGA 的 SenseDrive LiDAR 激光雷达嵌入式感知方案，基于全球领先的激光雷达感知算法，SenseDrive LiDAR 可以对激光雷达的点云数据（包括目标类别、朝向角度、尺寸、中心位置、速度、加速度、置信度等）进行全面系统的采集和分析，实现道路、路测不同对象的高精度识别和定位，信息技术指标性能全面领先，视觉视角 360°、距离 120 米、刷新率 10 帧/秒、实时检测数量 300 个，全面优化路侧智能化水平。

第四节　依图科技

一、总体发展概况

依图科技是我国 AI 四大独角兽之一，在安防、金融、交通、医疗等多个行业不断实现 AI 关键技术和创新应用的新突破。公司近年来基于 AI 芯片和算法技术核心业务，提供包含 AI 算力软硬件相结合的综合解决方案，为各行业不同应用场景提供定制化服务，当前在智能公共服务和智能商业领域落地应用方面已经取得一系列成果。到 2020 年上半年，公司已为国内 30 多个省、自治区、直辖市及境外 10 多个国家和地区的 800 余家政府及企业终端客户提供产品及解决方案，营业收入也持续增长。根据公司招股书数据，2017—2020 年上半年公司营业收入分别为 6871.89 万元、30430.64 万元、71678.62 万元及 38063.49 万元，2017—2019 年度的营业收入复合增长率为 222.97%。公司业务飞速发展离不开核心技术的创新，为紧抓 AI 领域行业发展机遇，依图科技持续加大研发投入，2017—2020 年上半年研发投入分别为 10097.62 万元、29143.02 万元、65724.09 万元和 38100.38 万元，占各期营业收入比例

分别为 146.94%、95.77%、91.69%和 100.10%，为构建长期的业内最前沿的技术能力体系奠定了良好的基础。

二、重大发展战略

全面推进以"芯片+算法"驱动的产品和业务场景打造。依图科技近年来持续构建"芯片+算法"为中心的业务发展模式，不断研发和丰富产品序列，探索开展更多细分领域的业务应用场景，巩固核心业务竞争优势。根据招股书数据，2017—2020 年上半年公司芯片相关业务的竞争优势逐渐凸显，分别实现营业毛利率 57.39%、54.55%、63.89%及 70.99%，成为公司业务和市场拓展的重要抓手。同时本次募集资金也将全面用于新一代 AI IP 及高性能 SoC 芯片项目、基于视觉推理的边缘计算系统项目、新一代 AI 计算系统项目、高阶视觉智能计算平台项目、新一代语音语义能力平台项目等，全面推进人工智能基础设施变革，进一步增强企业人工智能芯片领域的技术领先性和产品化能力。未来依图科技将基于人工智能芯片及算法技术的先发优势，持续优化求索芯片系列的算法开发和运行环境，开发更高品质、适应更多应用场景的云端、边缘端、终端的产品，全面提升技术方案和相关产品在城市管理、医疗健康、智慧园区、数字校园、智能制造等场景的覆盖率。

强化高科技人才队伍建设。依图科技一直重视人才队伍建设，始终致力于吸纳顶级专家、培养年轻创新人才，曾入选 2019 LinkedIn 顶尖创业公司，被评为中国最具人才吸引力企业。近年来，依图科技致力于打造高研发+高学历+高科技为一体的"三高"企业科研团队，逐步形成了代表世界水平的研发团队，截至 2020 年 6 月，公司研发人员 837 人，占员工总数的 55.54%，其中核心技术人员 3 人。未来公司将持续注重人才与技术的复合增长，充分把握和发挥核心人才的价值，不断完善 AI 人才"基础设施"，全面实现 AI 顶级人才的聚集。

三、重点领域发展情况

计算机视觉技术方面，依图科技曾连续三年在代表工业界最高水平的美国国家标准技术局组织的人脸识别测试中获得冠军。2020 年，

在由全球多媒体领域顶级学会 ACM 国际多媒体会议（ACM MM）主办的"大规模复杂场景人体视频解析"挑战赛中，公司获得了"行为识别"的单项第一名，其算法指标将以往学术界中的基准算法提升了近 3 倍。

智慧城市方面，公司针对城市各行业领域的复杂应用场景，开发高性能城市算法仓库、原石系列智能服务器和前沿系列边缘计算设备、"利旧"方案汇集智能化建设方案等，全面服务智慧城市建设。高性能算法仓库赋能城市复杂场景，构建出多模态的城市算法仓库，可对城市实体在复杂多样场景下产生的视频、图像、音频、文本等非结构化数据进行解析、识别和关联，从而构建出完整的城市实体关联关系。同时针对低像素、远距离、逆光、暗光、光照不均、运动模糊等情景下的相关技术指标进行了升级优化，全面保障系统的高性能运转。原石系列智能服务器和前沿系列边缘计算设备充分发挥了求索芯片高性能、低功耗的计算机视觉推理优势，全面提升城市海量信息的分析效率，同时降低算力功耗、硬件成本、电力成本以及所需机房空间，提高智慧城市智能基础设施建设效益。此外，基于当前智慧城市建设的绿色化、效益化目标，公司提出的"利旧"方案汇集智能化建设成果，将大量已建设的非智能摄像机采集的原始数据在云端进行智能解析，与智能摄像机的解析结果在云端实现汇聚、融合分析，全面高效利用先前采集设备的信息数据，全面降低建设投资成本。

智慧医疗领域，依图科技凭借多模态人工智能技术解析多源异构医疗大数据能力在行业中占据领先地位。公司拥有自主研发的医疗知识图谱，2020 年 2 月初与上海公共卫生中心联合研发上线全球首个基于 CT 影像的新冠肺炎智能评价系统，目前已经服务全球多家医疗机构。与此同时，公司还承担多项国家级医疗人工智能领域项目并开展医疗领域标准化体系建设工作，2020 年承接科技部重点研发项目"面向医学人工智能服务的知识体系构建和应用研究"，深度参与科技部、工信部发起的行业标准制定 10 余项，包括《国家医疗健康数据标准体系建设框架》标准，《医疗大数据能力评估》标准等，以先进的产业认知及标准建设推进行业健康发展。

第五节 海康威视

一、总体发展概况

海康威视是全球知名智能物联网解决方案和大数据服务提供商，以视频为核心基础，重点发展综合安防、大数据和智慧类业务，打造云边融合、物信融合、数智融合的技术解决方案，服务于智慧城市和企业数字化建设。目前企业员工共计 40000 人，技术研发和服务人员占比接近 50%，构建以杭州为中心，全面覆盖北京、上海、武汉以及加拿大蒙特利尔、英国伦敦的研发体系，相关产品和服务全面服务全球 150 个国家和地区，尤其是在安防领域占据核心领导地位，全球市场份额超过 30%。根据海康威视 2020 年业绩快报统计数据，公司 2020 年营业收入 634 亿元，比上年同期增长 10.01%，各领域业务呈现稳中向好趋势；实现营业利润 151.8 亿元，比上年同期增长 10.76%；实现利润总额 152.6 亿元，比上年同期增长 10.93%。截至报告期，公司总资产达到 886.8 亿元，同比增长 17.68%。2020 年 6 月，我国 2020 十大 A 股最顶尖高科技公司排行榜发布，海康威视排名第二；2020 年 10 月，大美无度全球榜发布《中诚信 CNISA 大数据云演算 2020 中国 500 强指数验证公告》，海康威视入选 2020 中国 500 强。

二、重大发展战略

全面助力企业数字化转型升级。基于国家目前数字经济发展需求，海康威视以开放 AI 平台为手段，强化物联网和信息化数据的创新融合，构建各行业用户个性化、定制化的智能感知和分析系统。一是全面提升以视频为核心的物联网水平，扩展场景信息范围和准确度；二是全面推进 AI 在业务各环节的应用广度和深度，提高工作效率；三是全面开放 AI 平台的同时，配套信息化管理平台，实现行为的规划管理和监督；四是全面搭建"人+物+场景"覆盖的安全防范体系。在全面实现企业各环节流程和数字化的基础上，进一步优化升级相关设备设施物联，将用户使用、生产过程、服务过程等进行数字化升级，打造整个行业场景的

数字孪生。在推进数字化转型进程中，公司的 AI 和 IOT 技术发挥重大作用，"海康云眸"是典型创新产品之一，目前系统前端设备规模已超过 150 万台，智能设备超过 6 万台，智能终端超过 5 万台，业务市场开拓和行业应用也取得阶段性成果，接口调用次数超过了 3000 万次/日。

针对行业/企业经营"碎片化"需求打造个性化解决方案。近年来，海康威视基于不同应用场景，持续推进公司"微创新"，从而满足企业/用户的碎片化以及个性化需求。在零售行业，公司基于云眸系统将人工智能技术广泛应用到日常的店面巡查中，能提供缺货提醒、货架排查等功能；在数字校园的推进过程中，公司开发实现了课堂考勤、课上督导、家校互动等一系列场景解决方案；在助力企业复工复产过程中，公司将云眸与明眸系列产品进行创新融合开发应用，提出非接触式的通行以及考勤解决方案并进行规模化应用；在物流行业，公司搭建全链路以及可视化的管理解决方案，针对物流车辆调度、货仓/快递柜监管等提出具体方案，全面提升物流行业数字化管理水平。

三、重点领域发展情况

智慧旅游方面，海康威视全面推进旅游业数字化升级。针对后疫情时代旅游业发展需求，公司开发了一系列技术和产品。"文旅绿码"产品可以针对博物馆、景区提供实名制分时预约，并与全国健康码数据相关联，全面辅助疫情防控。该系统目前已经广泛应用于 1000 余家博物馆和景区，服务旅客超 1500 万人次。与此同时，为全面推进跨省旅游业的复苏和发展，公司开发了包含旅游沿线的车流量监测与安全辅助、旅游巴士的智能监测调度，以及视频安全覆盖、应急广播配套、客流量动态感知监测、重点区域智能预警在内的一系列解决方案，已在全国上千个文旅单位和行业主管部门中应用。此外，为全面提升景区内部数字化应用和服务水平，公司开发片区客流实时统计、热趣分析、接驳车测速、景区云直播、AI 识景、AR 导览等功能，真正实现从景区需求中来，到景区使用中去的业务创新发展模式。

智能安检方面，公司依托 AI 开放平台，为青岛轮胎企业开发"轮胎外观质检视觉合规行为识别系统"，全面提高检测工作效率和检测质量。该企业具备全钢子午线轮胎超 540 万条、半钢子午线轮胎逾 4000

万条、非公路轮胎 6 万吨以上的年生产能力，每个检查员平均每天需要检查 400 件至 500 件轮胎，系统上线可以大大减轻工作负担，提升检测准确率，保障车辆安全，目前该系统已经检测出不合格轮胎超 600 件。在制药企业中，公司开发系统实现药品生产全程可视化管理，QA（产线质量管理员）督察效率提升 50%；在零售业企业巡检领域，"云巡店"规模已经扩展至 3 万家连锁门店，传统巡店周期 30~90 天，"云巡店"周期可缩短到 14 天，全面提高效率，节省成本。建筑领域企业，2020 年 10 月，海康威视与广联达签署战略合作协议，基于智慧工地场景及业务需求，创新开发软硬一体智能工地解决方案，全面实现对工地人员/车辆进出管理、环境智能监测、物/料/人监管、智能广播、工地视频采集、安全帽佩戴管理、吊钩可视化、升降梯风险监测、工地全景一张图、智慧大屏等管理，提供一站式端到端解决方案。

第十九章

人工智能芯片重点企业

第一节 地平线机器人

一、总体发展概况

地平线（北京地平线机器人技术研发有限公司）是边缘人工智能芯片的全球领导者。得益于前瞻性的软硬结合理念，地平线自主研发兼具极致效能与开放易用性的边缘人工智能芯片及解决方案，可面向智能驾驶以及更广泛的通用 AI 应用领域提供全面开放的赋能服务。目前，地平线是国内唯一实现车规级人工智能芯片前装量产的企业。

基于创新的人工智能专用计算架构 BPU（Brain Processing Unit），地平线已成功流片量产了中国首款边缘人工智能芯片——专注于智能驾驶的征程（Journey）1 和专注于 AIoT 的旭日（Sunrise）1；2019 年，地平线又推出了中国首款车规级 AI 芯片征程 2 和新一代 AIoT 智能应用加速引擎旭日 2；2020 年，地平线进一步加速 AI 芯片迭代，推出新一代高效能汽车智能芯片征程 3 和全新一代 AIoT 边缘 AI 芯片平台旭日 3。

依托行业领先的软硬结合产品，地平线可向行业客户提供"芯片+算法 IP+工具链"的完整解决方案。在智能驾驶领域，地平线同全球四大汽车市场（美国、德国、日本和中国）的业务联系不断加深，目前已赋能合作伙伴包括上汽、长安、长城、红旗、奥迪、广汽、比亚迪、大陆集团、佛吉亚、博世等国内外的顶级合作伙伴；而在 AIoT 领域，地平线正携手众多头部客户及优秀集成商并赋能产业。

二、重大发展战略

1. 以车规级 AI 芯片作为核心战略产品

近年来，自动驾驶领域，AI 芯片已成为企业重要的战略方向，但是开发过程周期长、资金投入大等问题使得很多企业转变了方向，业界对于这点已经有充分的共识。地平线机器人将车规级的、符合功能安全的车载芯片作为长期的产品战略，制定中长期发展目标（2025 年至长期），持续强化资金投入，致力于打牢基础，做好这个堪称业内最高标准的技术和产品方向。根据相关数据，地平线的每一次产品流片，正常的研发投入就超过 5000 万元。公司期望 2025 年车载计算平台在整个产业链中的位置得到全面提升，地平线实现由普通的汽车产业链供应商，向平台级赋能者的转换。公司将依托车规级 AI 芯片这个兼具技术门槛和市场应用空间的正确发展路径，强化对接企业和市场需求，为其提供定制化产品及服务。2017 年 12 月，地平线自主研发的征程（Journey）1.0 芯片正式流片并发布，成为中国最早实现量产流片的人工智能芯片并实现大规模商用。2019 年 8 月，估值达 30 亿美元的 AI 独角兽地平线正式宣布量产中国首款车规级 AI 芯片——征程二代，地平线机器人通过提供基础的"芯片+工具链"，配套模型编译器、完备的训练平台、场景驱动的 SDK、丰富的算法样例等工具和服务，助力 AI 芯片全面应用于车联网、自动驾驶等领域。

2. 强化软硬深度优化的一体化战略

地平线一直秉持做高端软件算法，配套硬件设备的商业模式，致力成为机器人时代的英特尔。近几年来，公司通过软硬深度优化、协同设计，向行业提供高性能、低功耗、低成本的解决方案，成为国内唯一一家已成功流片并量产的车规级芯片，且能够提供"算法+芯片"软硬结合的智能驾驶解决方案的公司。经过 2018—2019 年的商业化推进，地平线取得一系列突出成果，公司在 Level 4 级别的自动驾驶领域，现在全球的出货量已经超过英伟达，未来市场前景可期。

三、重点领域发展情况

1．智能驾驶 AI 战略合作领域

2021 年 1 月 22 日，在斑马智行首届技术节上，地平线与斑马智行宣布组建智能计算联合创新中心并举行揭牌仪式。双方将共建 AI 开放平台，共同推动"AI+OS+芯片"整体解决方案落地，打造面向未来的智能座舱产品。地平线和斑马将基于各自在 AI 芯片、算法、操作系统、工具体系等领域的产品技术能力，联合创新、共同建设面向智能汽车产品的 AI 开放平台，为达成智能驾驶领域极具竞争力的软硬一体智能场景解决方案平台和产品开发体系提供便利，致力于加速座舱多模交互产品的场景定义和量产落地。

2．AI 计算领域

1 月 20 日，小米智能摄像机 AI 探索版（以下简称"小米智能摄像机"）在小米商城发售。新一代小米智能摄像机内置地平线旭日 2 边缘 AI 芯片，拥有 4 TOPS AI 算力，支持人形侦测、宠物检测等多种 AI 算法。得益于地平线芯片强大的本地化 AI 能力，小米智能摄像机的检测和识别精度得到了全面提升，数据无须上传云端即可实现人形移动自动精准跟拍、家人身份识别、每日 30s 精彩视频集锦等 AI 功能，用户能够更加准确的了解家中宠物和家庭成员动向，高效的联动控制家中其他小米智能设备，智能捕捉并自动生成 30s 短视频记录美好生活瞬间，实现了智能家居场景体验的全面提升。

2021 年 1 月 13 日，"智能时代出行变革的实现者"智己汽车举行全球品牌发布会，发布高端智能纯电轿车和智能纯电 SUV，新车型智能数字架构选用地平线征程 2。智己汽车是由上汽集团联合浦东新区、阿里巴巴推出的高端汽车品牌。地平线与上汽集团在 2020 年 8 月成立人工智能联合实验室，在智能驾驶技术领域展开全面深度合作，共同进行前瞻性技术研究，打造具有上汽集团品牌特色的智能驾驶和智能座舱人工智能终端应用。

3. 智慧城市应用领域

地平线发布了多达 12 种针对不同场景的 AI 解决方案，具体到场景上，地平线的产品应用可以分为智慧安防、智慧交通、智慧零售、智慧社区、智慧机场以及智能水尺识别几大方面。尤其在安防和智慧城市领域，目前已在嵌入式人工智能视觉处理器、人脸识别网络摄像机解决方案、基于 AI 边缘计算的智慧城市解决方案三个领域奠定了全球领先地位。通过 AI 底层计算体系的构建，积极推进 AI 在各个垂直行业具体应用场景的落地，逐步完善产业生态，进一步推进边缘计算在城市智能化领域的落地应用。目前，地平线智慧城市解决方案在上海临港城市智慧交通建设、上海临港地区建设等项目中已经得到落地实施，通过设置智能化微卡口，对交通车辆、人流等海量数据信息进行采集、学习和挖掘处理，全面提升交通智能化、数字化服务水平。此外，公司相关方案在国内部分城市的城市水务、开发园区、机场智慧交通建设等场景中也得到了广泛普及。

地平线在物联网的优势在于以下三个方面。①高性能 AI SoC：基于地平线自研伯努利 2.0 BPU 架构，软硬结合驱动芯片设计，充分考虑 AI 场景下的 ISP、Codec、带宽占用。②开放式 AI 赋能：提供"芯片+工具链+算法+应用中间件"的开放赋能，降低应用开发门槛，并能快速灵活搭建出有差异化的 AI 产品。③丰富的 AI 参考设计：提供丰富的产品级算法与系统级参考设计，客户仅需实现产品设计与业务逻辑，加速 AI 产品的商业化落地。

第二节　寒武纪

一、总体发展概况

寒武纪是我国人工智能领域的典型企业，主要业务包括各类云服务器边缘计算设备、终端设备人工智能核心芯片研发、设计等，基于客户和行业需求提供 AI 芯片及设备，并配套高端化软件解决方案。目前，寒武纪已与智能产业的众多上下游企业建立了良好的合作关系，在未来，寒武纪将继续秉承开放共赢的姿态，与全球诸多合作伙伴一起共建

智能新生态，用人工智能芯片技术的突破与创新，驱动人工智能计算力引擎。主要供应商包括深圳朗华供应链、中科可控信息产业、新思科技、上海国际科学技术、安谋科技（中国）有限公司等，股东包括国投基金、南京招银、阿里创投、科大讯飞等。2020年6月，在寒武纪通过上市申请时，公司最高估值达到342亿元，7月20日一上市，市值最高突破1000亿元。2017年至2020年营业收入分别为784.33万元、1.17亿元、4.44亿元和4.59亿元。2019年和2020年较前一年增幅分别为279.35%和3.38%，对比近四年数据，寒武纪在3年间实现了58.5倍的营收增长。即使在2020年的疫情之下，寒武纪仍保持稳步增长。

寒武纪将芯片设计作为业务突破口，构建芯片、终端及应用为一体的完整产品线及业务体系。寒武纪聚焦云边端一体的智能新生态，致力打造各类智能云服务器、智能边缘设备、智能终端的核心处理器芯片，让机器更好地理解和服务人类。近年来，寒武纪实现了多项技术突破，自主创新的通用型智能芯片架构行业领先。2017年到2019年上半年，公司研发支出分别为0.3、2.4、5.43亿元，2020年上半年研发支出为2.77万元，同比增长109.06%，这4年的研发投入占营业收入比例分别为380.73%、205.18%、122.32%和318.10%，在业界具备绝对优势。截至2020年年底，寒武纪研发人员高达680人，占总员工79.25%，硕士及以上的人员占比超过60%。凭借过硬的技术与产品性能，寒武纪成为全球少有的全面系统掌握了AI芯片及其基础系统软件研发和产品化核心技术的企业。

二、重大发展战略

立足三大核心业务，实现传统芯片公司向软硬结合的系统型平台公司发展。

目前，寒武纪在终端智能处理器IP、云端智能芯片及加速卡、边缘智能芯片及加速卡、智能计算集群系统、基础系统软件五大领域已经具备较强的竞争力，技术力量、竞争力和品牌影响力稳步提升。其中前三项业务重点聚焦手机、服务器和物联网中用到的AI芯片和IP，是寒武纪重点部署的方向，致力于解决高端市场通用型智能芯片需求问题。基于以上重点方向，寒武纪与各自领域知名企业开展战略合作。2020年6

月，寒武纪与联想开展战略合作，寒武纪为其提供云端人工智能芯片、终端人工智能芯片、基础系统软件平台等产品及技术服务支持，并在智能计算中心、智能终端产品、边缘计算等领域进行广泛深入研究。该合作主要解决联想服务器领域核心芯片和竞争力等问题，以便于后期业务的扩展和升级。2020年7月，寒武纪与美的公司针对智能家居、智慧物流等方向开展广泛合作，可以进一步强化寒武纪边缘智能芯片在智能电器中的应用，实现双方业务共同促进。此外，寒武纪还在OPPO的"马里亚纳计划"中扮演了非常重要的角色，该计划主要实现手机自主芯片的研发，芯片的AI算力正是寒武纪的强项，通过合作实现OPPO的基带芯片+寒武纪NPU（神经网络处理器）创新模式。

三、重点领域发展情况

1. AI产品矩阵方面

近年来，寒武纪先后推出寒武纪1A、寒武纪1H、寒武纪1M系列芯片，以及中国第一款云端芯片思元100、云端第二代思元270、边缘芯片思元220等，并且持续推进产品升级换代，增强技术创新竞争力。2017—2020年期间，每年都会推出产品的升级迭代版本，相比其他公司平均1~3年的时间周期，寒武纪的竞争力不言而喻。当前其相关产品已经广泛应用于浪潮、联想等服务器厂商及数以亿计的智能手机终端，实现了产品规模化推进。

2020年5月，寒武纪与百度飞桨Paddle Lite完成适配，加速AI多场景落地。2021年1月21日，寒武纪思元290智能芯片及加速卡、玄思1000智能加速器量产落地后首次正式亮相。思元290智能芯片是寒武纪的首颗训练芯片，采用台积电7nm先进制程工艺，集成460亿个晶体管，支持MLUv02扩展架构，全面支持AI训练、推理或混合型人工智能计算加速任务，寒武纪MLU290-M5智能加速卡搭载思元290智能芯片。寒武纪玄思1000智能加速器，实现AI算力在计算中心级纵向扩展，是AI算力的高集成度平台。寒武纪训练产品线采用自适应精度训练方案，面向互联网、金融、交通、能源、电力和制造等领域的复杂AI应用场景提供充裕算力，推动人工智能赋能产业升级。

2. 新基建智能计算中心布局方面

寒武纪抢先布局 AI+IDC，着力建设智能计算集群。据业界统计，未来 AI 计算需求将占据全球 80%以上的计算需求，智算中心作为其承载体，将成为新基建建设的核心内容之一。早在 2019 年 6 月，寒武纪就注册了 AIDC 相关商标，践行 AI+IDC 产业发展理念并致力于打造 AI+IDC 产业融合发展体系。2020 年 5 月，寒武纪与浪潮签署元脑战略合作协议，双方将统筹各自优势资源，共同推进浪潮共建元脑生态战略，合作开发行业领先的 AI 系统解决方案，助力智能计算中心的规模化建设和应用，加快中国在世界级 AI 行业解决方案的创新能力。寒武纪将依托自主研发的思元 270 和思元 100 芯片加速卡产品体系，提供基于 Cambricon Neuware 基础系统软件平台的 AI 技术方案及服务。

3. 边缘计算方面

寒武纪强化技术创新，面向 5G、智能制造、智能电力、智能交通等边缘计算场景，提供低功耗、高质量的 AI 解决方案。2020 年 3 月，寒武纪的"科技冬奥、智慧北京"方案为"优秀技术产品"单元，该方案依托企业自主研发的思元 MLU 系列人工智能芯片，构建了服务机器人、智能车联网、智能云转播、智能赛事、多语言服务等多场景为一体的 AI 数字化方案，可以满足冬奥 AI 实际场景的算力支撑，实现冬奥多场景应用。2020 年 5 月，公司与中科创达开展技术合作，深化 AI 视觉检测等技术在智能制造中的落地应用，针对电气制造业生产线环节，提供基于自主研发芯片的 ADC 解决方案。与此同时，寒武纪依托自身核心芯片和处理器，持续助力工业互联网、智慧医疗、智慧校园等行业应用，提供高算力、低功耗的定制化服务。

第三节 华为海思

一、总体发展概况

华为是全球知名 ICT 设备服务商，2020 年 3 月发布《2019 年年度报告》，数据显示，2019 年华为全球实现销售收入 8588 亿元，同比增

长 19.1%。企业致力于打造客户全场景终端芯片、操作系统、云产品服务，业务范围覆盖全球 170 多个国家和地区。在严格保护用户隐私安全的同时，开展智慧业务创新应用，2019 年其应用下载量达 2100 亿次，全球月活跃用户数超 4 亿。2019 年 11 月，华为终端云获得首批由国际权威标准组织英国标准协会颁发的 ISO/IEC27701 隐私保护体系认证，在信息安全方面获得全球权威机构的认可。

海思半导体（HiSilicon）公司前身为华为集成电路设计中心，1991 年启动集成电路设计及研发业务，为汇聚行业人才、发挥产业集成优势，2004 年注册成立实体公司，提供海思芯片对外销售及服务。海思半导体公司是全球领先的 Fabless IC 半导体与器件公司，总部位于深圳，在北京、上海、美国硅谷和瑞典设有设计分部，致力于开展无线网络、固定网络、数字媒体等领域的芯片及解决方案创新，其芯片与解决方案成功应用在全球 100 多个国家和地区，业务覆盖通信设备、智能终端、光电、处理器、AI 等领域，先后推出了麒麟、巴龙、鲲鹏、昇腾等系列芯片，奠定了海思在半导体领域的关键地位。

2019—2020 年，华为海思在数字媒体领域开展 SoC 网络监控芯片及解决方案、可视电话芯片及解决方案、DVB 芯片及解决方案和 IPTV 芯片及解决方案服务，成效明显。根据 ChipInsights 数据，华为海思在 2019 年营收约 115.5 亿美元，较 2018 年增幅超过 60%，在亚洲 IC 行业处于领先地位。在研发投入方面，2019 年中国半导体研发资金投入超过 10 亿美元的企业有三家，海思半导体榜上有名，2019 年研发投入超 24 亿美元，研发投入比重超 21%。2020 年第一季度，华为海思在中国智能手机处理器市场上首次登顶，超过高通成为中国市场出货量最大的手机处理器品牌（不包括海外市场，也不包括海思其他业务芯片，如视频监控芯片、基带芯片等），高通、联发科、苹果紧随其后。与 2019 年第四季度比较，海思是中国市场唯一一家第一季度份额没有下滑的品牌，而与 2019 年同期相比，也是唯一在出货量上没有下滑的品牌，斩获了 43.9% 的市场份额，出货量为 2221 万片。

二、重大发展战略

1. 推出"算力最强 AI 芯片"

2019 年 8 月,华为发布 AI 芯片昇腾 910 和开源计算框架 MindSpore,提出"算力最强 AI 芯片"口号。任正非指出,AI 是大产业,需要超级计算、超大容量的数据存储和超速联接的支撑才能实现。昇腾 910 就是华为在 AI(人工智能)战略实施的重要途径,它完全实现了设计规格相关指标要求,达到预期算力目标的同时,还使功耗指标由原来的 350W 降低到 310W。相关试验数据表明,昇腾 910 与 MindSpore 进行集成,相比现有训练单卡配合谷歌 TensorFlow 的组合,性能提升接近两倍,被业界称为"算力最强的 AI 芯片"。未来将依托 AI 芯片,进一步优化 AI 加速模块、AI 服务器、云服务的业务服务形式,助力华为 AI 战略。

2. 重构全屋智能联接

联接技术是实现单品智能到全屋智能的基础。全屋智能的最终目标是为用户提供智慧化服务,全屋智能始于家庭基础设施及设备的智慧升级,包括智能家电、智能影音、智能照明、家庭安防等多个方面。基础设施及设备的智慧升级依赖于更加可靠的联接及控制技术。要真正实现不同品牌、品类之间的互联互通,提供无需人为干预的智能化控制,从设备的感知智能到设备间的认知智能,是一个长期技术与生态融合的过程。而联接技术作为互联互通的基础,能有效解决当下单品、单系统智能向全屋智能化演进过程中遭遇的连接及协同两大类问题的挑战,是实现全屋智能的基础。

要实现全屋智能,有线和无线两种技术都不可或缺。目前在全屋智能产品中,大部分声、光、水、电等系统,通过窄带网络就能很好地控制;而对于数据传输、性能等要求很高的设备,则需要用宽带连接。海思将窄带宽的 PLC-IoT 家庭总线和更高带宽的家庭超宽带骨干网整合起来,提供智能主机解决方案。PLC-IoT 家庭总线网随电通,实现声光水电系统互联;家庭超宽带骨干网支持分布式 Wi-Fi,更符合手机、音箱等设备的高要求。两者双管齐下,让全屋智能高效联动。

3. 实现通往智能世界的基础联接技术

海思是 NB-IoT 技术的引领者，是 NB-IoT 标准以及产业的主要推动者。海思长期坚持 NB-IoT 研发投入，推动行业标准落地、推动技术及商用场景应用创新。致力与生态伙伴一起打造一个稳健、开放的 NB-IoT 生态系统。NB-IoT（Narrow Band Internet of Things）是一种基于蜂窝的窄带物联网技术，也是低功耗广域物联（LPWA）的最佳联接技术，承载着智慧家庭、智慧出行、智慧城市等智能世界的基础联接任务，广泛应用于如智能表计、智慧停车、智慧路灯、智慧农业、白色家电等多个方面，是 5G 时代下的基础联接技术之一。2020 年 NB-IoT 全球连接数超 1 亿。根据预测，这一技术将在未来五年实现 10 亿级连接，并持续保持增长趋势，推动物联网设备实现爆发式成长。伴随 NB-IoT 技术带来的商用场景广泛部署及物联网设备的成倍增长，行业对 NB-IoT 也提出了更多挑战，如典型场景下，如何有效通过技术演进降低部署成本、大规模组网下如何解决功耗问题、设备互联后如何保证数据安全等。

4. 推动超高清音视频产业

超高清音视频（HDR），让影像更真实。HDR Vivid（菁彩 HDR）是中国超高清视频产业联盟发布的高动态范围的视频技术标准。与传统技术相比，HDR Vivid 让用户在影像中看到更逼真的画面、更丰富的色彩还原、更深邃的暗部细节及更精妙的亮部处理，通过鲜明的层次及立体的维度，让时空穿梭于光影之间亦幻亦真。HDR Vivid 还原人眼影像，人眼视觉是目前公认最强大的"摄影器材"和"显像设备"，为了还原人眼所见，视频产业技术不断迭代，升级视频采集技术和摄影器材、提升视频编解码及视频传输技术、完善终端显示设备，力求实现人眼"所见即所得"的效果。HDR Vivid 不但能呈现更加丰富的色彩及层次，提高明暗对比，还能增强影像纵深感及细节，让画面最大限度地趋近真实世界。同时与 5G、XR 等技术结合，HDR Vivid 也会突破时间和空间的限制，带来随时随地皆现场的观感体验。

三、重点领域发展情况

1. 手机处理器及芯片领域

华为旗下的芯片业务主要是由海思负责，海思专门研发芯片设计，给华为提供可靠的芯片产品。海思不仅负责手机芯片，在服务器芯片、5G 基带芯片、路由器芯片等方面都有很强的实力。虽然华为芯片受限于美国，但只要不是高端 nm 技术的芯片，海思都能保证供应。生产研发不会受到太大影响，就在 2020 年 7 月 30 日，海思再次"破冰"，在智能芯片领域取得了全球第一。根据有关消息报道，华为推出了两颗 FHD 智能电视芯片，一款芯片内置 512MB 内存，另一款内置 1GB 内存。其中 512MB 内存的芯片被成功运行在 Android P（9.0）版本，这是全球市场上第一使用 512MB 内存的安卓 9 电视平台。FHD 已经适配全球绝大多数通用的主流应用，完美适配、兼容不同的电视平台及应用。

目前海思已形成五大核心芯片产品体系，一是麒麟系列芯片，主要用于智能设备，比如智能手机终端等；二是鲲鹏系列，主要应用于数据中心；三是 Ascend（升腾）系列 SoCAI 芯片，主要应用于基于人工智能的各种个人及行业应用场景；四是基站芯片天罡、终端芯片巴龙等产品，主要应用于连接芯片；五是应用于视频监控、机顶盒、物联网等专用领域的芯片产品。

2. 行业应用领域

2020 年 7 月，华为云发布助力新基建相关工作的进展，依托云、AI 和 5G 作为基础设施的三个基本要素，实现大数据、AI 与行业融合应用。

例如在智慧家庭领域，海思家庭安全方案具有低码率、低功耗、低延时、高画质等多重技术优势，赋能客户开发多样化家庭安防类产品。智能芯片算法，实时进行人形轮廓及人脸检测，减少无效报警；双核+NPU 算力，提升安全等级，全面加密数据，更可靠；稳定的 Wi-Fi 连接及低功耗检测技术，有效降低功耗并解决了安装部署供电难等问题，使数据全记录不遗漏；同时客户可以灵活调用海思提供的人形、人脸检测组件等 AI 能力组件，定制上层应用，提升开发效率。覆盖庭院、入

户、室内等多种场景，全方位无死角守护家庭安全。海思 Wi-Fi 方案的高射频性能及强抗干扰能力，让空调、洗衣机等家具电器设备无论处于家中何处，均可一触联网，全屋畅连，同时 PLC 方案具有超强抗噪声及抗衰减性能，为家庭中的智能插座、智能窗帘、智能照明控制等提供稳定、可靠、高速的通信，智能控制全屋家电。海思提供的家庭服务解决方案，除了支持 Linux/LiteOS 多操作系统，现已支持 HarmonyOS 2.0，选择海思方案，可快速融入开放的鸿蒙生态。

在智慧城市领域，海思在 2020 年初发布了 5G+V2X 模组中间件方案，帮助客户与合作伙伴快速构建路侧数字化与车载网联化能力。海思 5G 模组中间件不仅是一颗基带芯片，而是一站式 5G 模组解决方案，包括基带处理、射频收发、低噪声放大和电源管理等套片，以及经过商用验证的参考设计方案，极大地降低了模组开发难度和周期。而且海思 5G 模组中间件已内置 V2X 功能，可安装在道路信号灯、电子指示牌等等道路辅助设备中，支持多种道路传感、显示单元的对接，如摄像头、交通气象站、路侧雷达、信号灯、情报板、道钉、数字三角锥等，通过与车辆信息、交通指挥中心的实时交互，融合多种感知数据，深层次的为广义交通参与者提供全方位的道路状态信息数字化使能管道。

在智慧出行领域，海思智慧交通及汽车电子综合解决方案通过智慧视觉、智慧媒体、AI、5G、V2X 等技术，围绕智能驾驶、智能座舱、智能网联等领域，推出 ADAS 辅助驾驶、娱乐中控、数字仪表、人机交互、车载显示、V2X 等解决方案，携手合作伙伴打造智能汽车、车路协同开放平台、增强行车安全、提升出行效率、构筑值得信赖的"第三生活空间"，加速智慧出行全面实现智慧化、网联化。

3．智能应用

依托于十余年的技术积累，海思在图像采集和处理、AI 边缘计算、5G+V2X 等领域拥有完善而且领先的产品序列，是智能交通领域理想的合作伙伴。海思的智慧视觉芯片包括 IPC SoC 和 NVR SoC 两大系列，拥有业界领先的全天候图像采集和边缘 AI 计算能力，已经广泛应用于城市道路的违章抓拍和道路治理当中。

第四节　紫光展锐

一、总体发展概况

北京紫光展锐科技有限公司是一家中国的集成电路设计公司，总部位于北京。由紫光集团旗下的展讯通信、锐迪科微电子合并而成，员工约 4500 名。

业务方向是行动通信和物联网领域的 2G/3G/4G/5G 行动通信基带芯片设计，其射频芯片、物联网芯片、显示器芯片、图像传感器芯片等核心技术的自主研发，产品覆盖手机平板、物联网、智能可穿戴、导航定位、摄影成像、数字电视等领域的终端市场。

紫光展锐的基带芯片主攻中低端市场，根据 2019 年的统计数据显示，紫光展锐的基带芯片出货量约七亿套，占全球的 27%，仅次于高通与联发科，排全球第三。紫光展锐是全球 5G 基带芯片的提供商之一。2019 年初发表 5G 通信技术平台"马卡鲁和 5G 基带芯片"春藤 510 等设备，意图进入 5G 基地业务。

2019 年年中，由苏黎世联邦理工学院推出的安卓端 AI 基准测试项目 AI Benchmark，测试发现紫光展锐的虎贲 T710 手机 CPU 在测试中以 28097 分居世界第一，胜过高通的骁龙 855+ 和华为麒麟 810，这项测试主要着重于人脸辨识、图片去模糊、语义图片分割等人工智能性能。

二、重大发展战略

2019 年，紫光展锐开始执行"质量救亡"的"火凤凰"计划，从头开始建立代码架构，重构核心代码。两年内实现产品交付时间提升 30%，内部问题减少 40%，人力节省 20%，客户问题密度下降 60%。引入了用于进行软件开发能力评估的 CMMI 管理体系，建立起了内部研发能力基线和质量标杆。同年，紫光展锐管理层被"换血"，管理咨询专家陈雨风、中国国内最早从事智能手机芯片规划工作的周晨等业界顶尖人才应楚庆之邀聚集而来，担纲变革。蜕变启程的紫光展锐，以研发人员占比 90% 的惊人数据成为一家全新的"硬核"科创企业。

2020 年，紫光集团正打造从"芯"到"云"的产业生态链。紫光展锐是紫光集团旗下芯片业务的重要企业，还包括紫光国微、长江存储、法国立联信等芯片企业；云网业务方面，主要拥有紫光股份及其下属公司新华三集团。该集团主要产品包括移动通信芯片、物联网芯片、存储芯片、智能安全芯片、计算机和网络基础架构及解决方案、云计算和大数据应用等。

紫光展锐与中国电信签署"云终端"战略合作协议。根据协议，双方将从云+端的产品和技术领域出发，在云生态、创建融合创新实验室、技术和标准、终端芯片和产品方案等四个方面开展合作，具体包括共同构建面向未来的端云平台，通过创建融合创新实验室共同致力于探索 5G 应用的创新，共同推进云生态、工业物联网、智慧家庭等领域的国际标准、行业标准立项，加强云智能终端的战略合作，共同建设差异化的云终端能力和生态等。

紫光展锐与中兴通讯达成 5G 战略合作，共同推动生态发展。2020 年 11 月，在深圳举行的中兴通讯全球供应商合作伙伴大会期间，紫光展锐与中兴通讯签署了 5G 战略合作协议，双方将继续在 5G 等领域开展深入合作，共同推动 5G 生态发展，为广大用户带来创新的科技体验。未来，展锐将持续推动与产业上下游的伙伴合作，以数字世界的生态承载者为核心战略，打造人民的数字世界，为用户带来更丰富、创新的技术体验，让更广大的消费群体享受到优质的通信产品和服务。

紫光展锐与西安交大签署战略合作协议。2021 年 4 月，紫光展锐与西安交通大学签署战略合作协议，双方围绕校企人才交流和培养、科研成果的产业化转化等方面开展深层次合作。此次合作，展锐将与西安交大共同探索培养高层次人才的新型合作模式，实现适应现代高科技企业发展需求的人才培养、人力资源开发等协同发展。前沿技术联合创新方面，展锐与西安交大将发挥各自优势，围绕第三代半导体的先进封装技术研究、功率电子的先进数字控制技术研究、新一代智能工业控制系统技术研究三大方面建立合作，并积极探索科研成果在企业的技术服务、产业转化等全方位一体化链接。

三、重点领域发展情况

紫光展锐与中国电信"云终端"战略合作推出首款自主 5G 手机——天翼 1 号。此款型号为中国电信首款自主品牌 5G 手机。天翼 1 号搭载了一颗紫光展锐虎贲 T7510 双模 5G 芯片。

搭载展锐 6 纳米 5G 芯片的手机 2021 年量产。紫光展锐在 2020 年底发布了多款面向垂直行业的芯片产品。如 V8811 芯片基于 3GPP R16 标准设计，是一款 NB-IoT 工业控制器芯片，可以与 5G NR 网络共存并接入 5G 核心网。同时还发布了搭载展锐 5G 芯片的联通第二代 5G CPE VN007+、展锐 5G 射频前端完整解决方案、智能座舱芯片解决方案 A7862、国内首颗车规级双频定位芯片 A2395、旗舰级智能手表平台 W517 等一系列产品及解决方案。公司未来会继续立足中国、面向全球，持续提升中国芯片企业技术实力。

第五节　瑞芯微电子

一、总体发展概况

瑞芯微电子是一家专注于智能应用处理器芯片、电源管理芯片及其他芯片的集成电路设计公司，主要致力于大规模集成电路及应用方案的设计、开发和销售，为客户提供芯片、算法等完整参考解决方案。公司产品涵盖智能应用处理器芯片、电源管理芯片、接口转换芯片、无线连接芯片及与自研芯片相关的组合器件等。

经过多年的发展，瑞芯微在大规模 SoC 芯片设计、图像信号处理、高清晰视频编解码、人工智能系统、系统软件开发上积累了丰富的技术和经验，形成了多层次、多平台的专业解决方案，涵盖各种新兴智能硬件，尤其是近年来快速发展的人工智能物联网（AIoT）应用领域。瑞芯微已经成为国内领先的 AIoT 芯片供应商，产品遍布生活、生产的周边，广泛应用于商用办公设备、安防、教育产品、汽车电子、工业智能设备以及消费电子等产业中。

瑞芯微的主要产品为智能应用处理器芯片、电源管理芯片及其他芯

片，并为客户提供专业技术服务以及与自研芯片相关的组合器件。瑞芯微的智能应用处理器芯片均为系统级的超大规模数字集成电路，即 SoC，可以分为高性能应用处理器、通用应用处理器、人工智能视觉处理器、智能语音处理器、车载处理器、流媒体处理器。上述处理器内置中央处理器（CPU）、图形处理器（GPU）、图像信号处理器（ISP）、多媒体视频编解码器以及内部高速总线、外设接口控制器，在外部连接上，一般具有闪存接口、动态存储器接口、显示接口、网络接口以及各种高速、低速外部设备接口。根据不同应用和产品定位的需要，不同芯片具有差异化的设计，如人工智能视觉处理器，增加了人工智能运算核心，即神经网络处理器（NPU），并突出图像处理性能和视频编码能力，可以实现高性能的图像感知及人工智能运算；针对智能语音的处理器，除了内置满足智能语音运算的 CPU 或数字信号处理器（DSP），还增加了丰富的音频接口，可以实现麦克风阵列的语音信号处理和语音识别、智能控制等功能。

瑞芯微坚持以客户需求为导向、以技术创新为核心，为终端消费者、行业进步创造更多价值。瑞芯微近年来的应用处理器针对 AIoT 应用具有前瞻性的规划，做了大量针对性的设计，是众多新兴 AIoT 应用的基础。

二、重大发展战略

重点布局人工智能、智能物联等领域。作为国内领先的集成电路设计企业，瑞芯微专注于智能物联、消费电子应用处理器市场及电源管理芯片市场。瑞芯微将在未来建设研发中心、研发新一代高分辨率影像视频处理技术及相关应用处理器芯片的升级项目、PMU 电源管理芯片升级项目及面向语音或视觉处理的人工智能系列 SoC 芯片的研发和产业化项目。

瑞芯微未来将在巩固和优化自身核心技术的同时，对人工智能产业链进行深度布局，培育一批具有较高附加值的中高端芯片产品，重点开发人工智能、智能物联等战略新兴领域的应用方案，不断拓展产品应用领域。

三、重点领域发展情况

2020 年，瑞芯微自主研发的结构光模组产品进入商用阶段。该产品采用自有芯片、自研的结构光模组及算法，解决了标定、精度、可靠性测试等问题，具有 3D 精度高、户外高动态感知、集成活体检测、高可靠性等优势，已形成了标准模组、户外一体化模组、小型化模组等产品系列。该产品已通过国内多家知名支付设备企业的产品选型，并与线上支付公司形成合作关系。2020 年由于疫情影响，3D 人脸支付/识别市场有所萎缩，但随着疫情逐步得到控制，该市场将快速增长，成为瑞芯微新的增长点。

瑞芯微 RK3399 芯 MAXHUB V5 旋转会议平板发布。2020 年 5 月，视源 CVTE 旗下品牌 MAXHUB 推出全新可旋转会议平板 MAXHUB V5，55 英寸大屏，搭载瑞芯微 Rockchip 高性能芯片 RK3399，全面升级硬件功能，支持多种智能化功能，能够方便灵活切换会议室、开放办公区、家庭等多种办公环境，满足全场景智慧办公与团队协作需求。MAXHUB V5 流畅的大屏体验及丰富智能功能基于强大核芯 RK3399。RK3399 是 Rockchip 高性能的应用处理器，采用双 Cortex-A72 大核+四 Cortex-A53 小核，64 位大小核架构，GPU 采用 Mali-T864 图像处理器，具备高性能、接口丰富、系统配套软件完善等特点。

瑞芯微 RV1126 4K AI 摄像头方案，助力智慧屏产品升级。随着在线教育、远程办公的迅速普及，智慧屏产品正在逐步替代传统电视，出现在家庭及办公场景，满足用户社交互动、学习、会议等更多智能化的需求。而应用的进步，不仅仅是体现在"用"上，更应深入到"如何用好"的细节上。瑞芯微推出的 RV1126 AI 摄像头方案，从高清编解码、画质处理算法、高性能 NPU 及音频算法四个方面真正实现智慧屏产品升级，让大屏更能"看"懂及"听"懂需求。

瑞芯微推出智能穿戴芯片 RK2108D"双待机"超低功耗设计。2021 年 3 月，瑞芯微正式推出新一代高性能低功耗智能穿戴芯片 RK2108D，采用 28nm 工艺设计，双核架构，具备高主频、大内存、低功耗的特点。针对智能穿戴产品在功耗、响应速度、语音识别及操作系统适配的产品

需求上，瑞芯微 RK2108D 方案实现了显著有效的技术优化。智能可穿戴设备进入快速发展期，应用场景正向智能医疗、智能家居、车载、安防等行业领域渗透，呈现出多样化的发展趋势。瑞芯微 RK2108D 方案的四大优势将有效提升产品性能及交互体验，为行业合作伙伴提供更可靠、更具市场竞争优势的技术支持。

第二十章

人工智能平台企业

第一节 百度

一、总体发展概况

2010年，百度开始探索人工智能，以期通过AI技术更好地将用户的搜索意图与海量互联网信息匹配。2013年1月，百度提出成立深度学习实验室（IDL）。2014年4月，百度成立了大数据实验室（BDL），同年5月又成立硅谷人工智能实验室（SVAIL），深度学习研究院改为深度学习实验室（沿用IDL的名称），与此同时，百度研究院（Baidu Research）也正式组建，研究院包括上述三个实验室，即IDL、BDL和SVAIL。2017年2月，国家发改委正式批复由百度牵头筹建深度学习技术及应用国家工程实验室，此外百度还将作为共建单位共同参与大数据系统软件国家工程实验室，以及类脑智能技术及应用国家工程实验室的建设工作。2017年3月，百度明确把人工智能作为公司发展战略，整合AI核心技术，成立AI技术平台体系（AIG）。2018年1月，百度研究院再次升级，由原来的三个实验室增加为五个实验室，设立商业智能实验室（BIL）和机器人与自动驾驶实验室（RAL）。2019年6月，认知计算实验室（CCL）和量子计算研究所（IQC）成立。2020年8月，百度研究院宣布架构升级，新增两大实验室——生物计算实验室和安全实验室，进一步拓展AI前瞻性研究范围。至此，百度研究院共计九大实验研究室，囊括了从底层基础技术到感知、认知技术的AI全领域研

究，并深入展开跨领域研究合作。《2020人工智能中国专利技术分析报告》显示，百度在自动驾驶、智能语音、交通大数据等几个人工智能关键技术分支中，专利申请量分别为1928件、1135件、1237件，均居全国第一。

百度是人工智能底层技术积累的代表性企业，人工智能产品和服务较为丰富。

在人工智能产品领域，百度商业化落地态势良好，在芯片开发、智能助手、自动驾驶领域均有良好表现。百度于2018年7月推出的AI芯片"昆仑"，能够为自然语言处理、自动驾驶、语音识别等场景提供运算能力，成为百度物联网生态的主要基础。2020年3月，昆仑芯片正式在工业智能质检设备上部署上线，为工业领域的智能化升级再添新动力，成为首次在工业领域大规模应用的中国自主研发AI芯片。百度的小度助手已拥有中国市场规模最大、最繁荣的对话式人工智能生态。百度的Apollo是目前全球最大的自动驾驶开放生态，其车联网能力已经落地全球60余家车企、400多款车型。

在人工智能平台领域，依托全栈、领先的人工智能技术能力，百度已经打造了包括百度大脑、飞桨、智能云、芯片、数据中心等一系列自主可控的新型AI技术基础设施，全面覆盖数百个AI基础能力。百度通过开源开放平台以专利许可的方式，助力人工智能生态伙伴创新。百度的开源开放平台，包括Apollo、飞桨在内，都使用对开发者非常友好的Apache2.0开源协议，伴随着平台的开源开放，相关的专利技术也免费许可给开源平台的合作伙伴，有助于促进AI生态良性发展，助力合作伙伴将创新快速落地。

首先，作为百度在人工智能领域的核心技术引擎，百度大脑于2020年9月升级到6.0。核心技术方面，百度大脑6.0已具备"知识增强的跨模态深度语义理解"能力。基于掌握的5500亿知识，以及"知识增强的持续学习语义理解"技术，百度大脑综合语音、语言、视觉等不同信息，实现跨模态语义理解，获得对世界的统一认知。有了这一能力，机器就能听懂语音，看懂图像视频，理解语言，进而理解真实世界。

其次，百度的飞桨作为中国首个自主研发、开源开放、功能完备的

产业级深度学习平台，集深度学习核心框架、基础模型库、端到端开发套件、工具组件和服务平台于一体，于 2016 年正式开源。截至 2020 年 12 月，百度飞桨凝聚开发者 265 万，创造模型超过 34 万；携手 20 家硬件厂商，适配芯片与 IP 型号 29 种；服务企业超 10 万家，覆盖金融、交通、物流等数十个行业。

再次，百度智能云已连续两年在 IDC 报告中排名 AI Cloud 领域中国第一。百度智能云全新战略于 2020 年 5 月升级为"以云计算为基础，以人工智能为抓手，聚焦重要赛道"。目前，百度智能云业务已经远远超越了基础云计算，人工智能、大数据、区块链、物联网构成了智能云新的业务基础。

二、重大发展战略

2019 年，百度提出"人工智能工业化"概念，总结人工智能工业化公式为"人工智能工业化=（智能计算×智能应用）^智能生态"，认为人工智能工业化的实现需要智能计算和智能应用的相互交叉促进，并加强智能生态的促进作用。为此，百度提出"1+6+3"的智能计算全景图，即 1 个基础核心；面向多领域提供云计算能力的 6 大工程平台，包括天算、天智、天合、天工、天像、天链；提供知识辅助的 3 套实践方法论，包括数据治理方法论、模型工厂方法论，互联网架构方法论。

2020 年 6 月，百度对外公布了业内首张人工智能新基建版图。百度依托包括百度大脑、飞桨、智能云、芯片、数据中心等在内的新型 AI 技术基础设施，推动智能交通、智慧城市、智慧金融、智慧能源、智慧医疗、工业互联网和智能制造等领域实现升级，为千行万业的产业智能化升级贡献力量。

2020 年 6 月，百度宣布未来十年将继续加大在人工智能、芯片、云计算、数据中心等新基建领域的投入，推出两个"500 万"计划，即预计到 2030 年，百度智能云服务器台数超过 500 万台，以更好满足产业智能化升级中对高性能计算的需求，为中国智能经济发展提供强有力的算力底座支撑；未来 5 年，预计培养 AI 人才 500 万，为中国智能经济和智能社会的发展提供 AI 人才保障。

三、重点领域发展情况

百度大脑是百度人工智能核心技术引擎，也是面向开发者和企业伙伴的软硬一体 AI 大生产平台。截至 2020 年 4 月，已开放了 248 项技术能力，有超 180 万开发者使用，成为业内开放能力最全面和领先、服务规模最大、开发者首选的 AI 平台。目前，百度大脑形成了全面领先的人工智能开放能力集合和完备的人工智能开发平台矩阵，帮助生态合作伙伴及客户成长为人工智能创新企业，共享人工智能生态链广阔的商业空间。

在核心技术方面，百度大脑在深度学习、语音技术、视觉技术、知识图谱、自然语言处理等领域具有较强技术基础。在深度学习上，百度对外开放了 Paddle Paddle 平台，以及 VisualDL、PARL、AutoDL、EasyDL、AI Studio 等一整套的深度学习工具组件和服务平台，满足不同层次深度学习开发者的需要。在知识图谱方面，百度建立了包含 6 亿实体、3780 亿事实的全球最大规模中文知识图谱，在知识图谱规模、图谱数据容量及检索性能等指标上均达国际领先水平。在知识图谱应用方面，目前知识图谱已大规模应用于百度搜索、百度地图和对话式人工智能操作系统等领域，日均用户请求超过 13 亿次，覆盖超过 85% 的搜索请求。

目前，百度正通过深度学习框架、通用算法、基础算法库、数据分析挖掘和分布式计算等人工智能和大数据软件提供在线营销技术服务，支持智慧城市、智能交通等系统建设。随着 AI 技术的应用越来越频繁，百度也在通过核心人工智能技术引擎——"百度大脑"，不断拓展新的人工智能业务。百度依托百度大脑、飞桨、芯片、智能云、数据中心等在内的新型 AI 基础设施，推动智慧城市、智能交通、智慧金融、智慧能源、智慧医疗、智能制造（含工业互联网）等产业智能化升级。

在智能交通行业，百度是发展车路协同（V2X）道路基础设施的先锋及行业领导者。百度已于 10 多个城市落地智能交通项目，用 AI 技术帮助现代化城市改善交通状况、道路安全及空气质量。百度的 V2X 道路基础设施亦用作智能车辆道路协调平台。例如，其可为智能车辆（自动驾驶服务、智能 EV、Robotaxis 及联网车辆）提供有关周围交通及道路状况的信息，因此为交通相关应用程序定义标准，继而推动行业采纳

应用。百度 Apollo 车路智行打造的 ACE 交通引擎，利用了人工智能、大数据、自动驾驶、车路协同、高精地图等新一代技术，将推动基础设施智能化、交通运输装备智能化和出行服务便捷化。2020 年 4 月，百度发布 Apollo 智能交通白皮书《ACE 交通引擎》。12 月，ACE 体系在广州首次实现城市级落地，百度将车路协同引擎与自动驾驶两大引擎相结合，打造出了一套更加适合中国国情的智能交通解决方案。

在智能汽车领域，百度获得测试牌照 150 张，落地国内 24 座城市、测试里程超 600 万公里。Apollo 是百度于 2017 年发布的，向汽车行业及自动驾驶领域的合作伙伴提供的一个开放、完整、安全的软件平台，帮助合作伙伴结合车辆和硬件系统，快速搭建一套属于自己的完整的自动驾驶系统。2019 年 12 月，百度在首届 Apollo 生态伙伴大会上表示，Apollo 正式由自动驾驶平台战略升级成为自动驾驶、车路协同以及智能车联三大开放平台联动发展，将生态推向更高水平、更广范围的新维度。2020 年 4 月，百度 Apollo 正式对外发布"ACE 交通引擎"，引擎采用了"1+2+N"的系统架构，即"一大数字底座、两大智能引擎、N 大应用生态"。2020 年 7 月，百度和汽车零部件公司伟创力联合宣布，双方合作开发的全球首个量产自动驾驶计算平台 ACU 正式下线。Robotaxi 自动驾驶出租车服务已在长沙开放试运营。

在智慧能源领域，百度智慧能源已覆盖电网、发电、新能源、清洁能源、石油、化工等场景，企业级 AI 平台、知识平台在国家电网、南方电网等头部客户落地应用，支撑 20 多个业务场景，覆盖中国两条特高压智能化线路、150 多个智慧变电站、4 万多输电线路的监拍智能化，累计发现隐患 2000 余处、每天代替人工巡视能源线路超 7 万公里。

在智慧医疗领域，百度 AI 已服务 300 多家医院和 1500 多家基层医疗机构，辅助数万名医生，惠及超过千万患者，服务人次超 2500 万。"让优质医疗资源更公平可及，让普通老百姓也能获得优质的医疗服务"。

在智慧金融领域，百度 AI 已经服务了近 200 家金融客户，其中包括国有 6 大银行、9 大股份制银行、21 家保险机构，涉及营销、风控等十多个金融场景。并且已经构建了超过 30 家的合作伙伴生态，跻身中国金融云解决方案领域第一阵营。此外，百度打造的能够自动化完成业

务处理的数字员工已在 75 家客户落地，助力客户运营效率提升 50%以上；零售金融科技产品已在 28 家落地，覆盖信用卡营销、信贷风控、保险反欺诈等核心场景。

在智能制造领域，百度 AI 产品已覆盖 14 大行业，30 多家客户和 16 个合作伙伴，触达 32 类垂直场景。

在智慧城市领域，百度 AI 目前已在北京海淀、重庆、成都、苏州、宁波等 10 多个省市落地应用。

第二节　腾讯

一、总体发展概况

近年来，腾讯一直致力于助力 AI 行业发展及 AI 与产业的融合创新。此前结合先进技术及"两张网"战略，腾讯打造了"双引擎+双轮"驱动的 AI 战舰。其中，双引擎指的是腾讯两大科技实验室矩阵，双轮指的是"消费互联网+产业互联网"。

在技术层，依托两大科技实验室矩阵，为腾讯消费互联网和产业互联网"两张网"战略提供技术支撑；在场景层，通过两张网，延伸出非常丰富的 AI 落地场景，进一步驱动技术完善。在平台层，腾讯云打造了"一云三平台"的新基建布局，通过腾讯云等对外开放 AI 能力，借力算法平台、服务平台及开放平台，降低 AI 的应用门槛，实现 AI 技术的场景落地，通过连接腾讯 AI 能力与产业，来推动 AI 技术和应用的不断进步。

除了技术层面的积累，海量的产业场景和生态，为腾讯驱动 AI 与产业融合提供了实战平台。目前，腾讯云 AI 公有云，日处理图片超 30 亿张，日处理语音超 250 万小时，处理自然语言超千亿句，为超过 200 万客户提供服务。在消费互联网领域，腾讯的 AI 已服务 10 亿级用户，应用于腾讯内部游戏、内容、社交等 100 多个产品；在产业互联网中，腾讯 AI 已覆盖教育、出行、文旅、零售、工业、政务、金融、医疗等各行各业。

通过 AI in All 战略，在"两张网"战略及 C2B 模式带动下，腾讯已形成坚实的 AI 产业布局和闭环的 AI 生态，以技术探索、平台开放和场景落地为核心驱动 AI 与产业融合，并围绕技术、平台和场景三个维度进行延伸，持续开放生态，降低产业成本。

腾讯 AI 不仅在消费互联网与产业互联网的实践中广泛落地，更是将腾讯在消费互联网中积累的强大连接能力与产品能力，利用 AI 技术，带动产业互联网的发展。例如，腾讯云为工业制造、医疗、政务、文旅、金融等行业，提供超过 90 种行业解决方案，其中 80%都用到了人工智能技术，成为产业降本提效的关键武器。

在平台领域，腾讯的 AI 开放平台以通用型人工智能开发为主，依托腾讯优图、WeChat AI、腾讯 AI Lab 等实验室，汇聚整合腾讯的人工智能技术能力，开放超过 100 项技术能力。此外，腾讯加强人工智能领域创业者扶持，打造 AI 开放新生态。

在应用落地方面，腾讯重视医疗领域发展，发布 AI+医疗产品"腾讯觅影"，通过 AI 医学影像分析辅助医生诊断，能够对食管癌、肺结节、结直肠肿瘤、乳腺癌、糖尿病视网膜病变、宫颈癌等疾病进行准确判断，此外腾讯的 AI 辅诊引擎还可以对 700 多种疾病风险进行识别、预测，目前已与国内 100 多家顶级三甲医院达成合作。在 AI 抗疫方面，搭载腾讯 AI 医学影像和腾讯云技术的人工智能 CT 设备在湖北方舱医院成功部署，借助 AI 辅助诊断新冠肺炎解决方案，大幅提升检查效率；面对华星光电工人无法按时复工的痛点，腾讯联合格创东智打造了一套 AI 自动缺陷分类系统（ADC），基于优图视觉 AI 技术，不仅保障了生产线正常运转，更提升了 30%吞吐量，及时解决了扩容问题。

腾讯 AI Lab 是腾讯企业级人工智能实验室，于 2016 年 4 月成立。主要包括基础研究和应用探索两大研究方向，包括计算机视觉、语音识别、自然语言处理和机器学习四大方面。2020 年，腾讯 AI Lab 主要集中在虚拟集成世界与机器人两大研究方向上进行探索，主要涉及 AI+医疗、AI+医药、AI+游戏等，其中包括用 AI 抗击新冠肺炎疫情以及 AI 驱动的药物发现平台。

二、重大发展战略

腾讯围绕"基础研究—场景共建—AI 开放"三层架构持续深入。在

基础研究方面，腾讯依托 AI Lab、腾讯优图、WeChat AI 等实验室，着重发力机器学习、计算机视觉、语音识别、自然语言处理（NLP）等四大方向。在 AI 应用上，腾讯将聚焦内容、社交、医疗、零售、游戏等领域，实现技术落地。

在机器人领域，腾讯 AI Lab 和新成立的机器人实验室 Robotics X 成为"AI+机器人"双基础部门，提出机器人本体研究有仿生化、灵巧操控、精准触觉、多机器人协同、人机交互和医疗辅助等六大趋势，为实现技术突破，致力于研发从 A 到 G 的智能机器人的核心能力，包括攻克 ABC 基础能力——人工智能（AI）、机器人本体（Body）与自动控制（Control），并探索代表机器人智能趋势的 D 到 G 能力——进化学习（Developmental Learning）、情感理解与拟人（EQ）、灵活弹性（Flexibility），最后实现成为人类守护天使（Guardian Angel）的终极目标。

在医疗领域，未来腾讯的"AI+医疗"将致力于打造"筛查、诊断、治疗、康复"等全流程的医疗解决方案。同时，腾讯作为科技部公布的首批国家新一代人工智能开放创新平台，将从全产业链合作、创新创业支持、学术科研和惠普公益四个维度驱动人工智能在医疗领域的深度应用与创新。

2020 年 7 月，腾讯发布《腾讯人工智能白皮书：泛在智能》。白皮书认为，在疫情之后的近未来，将是全球经济重建的重要时期，也是社会转型的重要时期。这为人工智能的发展打开了新的窗口期，并将提供丰富的实践场，一个"泛在智能"的世界正在加速成为现实。白皮书重点关注了机器学习、计算机视觉、智能语音以及自然语言处理四个较为成熟技术的发展动力、前沿动态以及未来发展方向。对于未来的发展方向，白皮书预测，其发展将主要聚焦于突破质量、场景和表达限制。

2020 年 7 月，腾讯发布 Light2.0 计划，是继 2019 年腾讯 Light 计划推出之后的重磅升级。该计划立足腾讯华东总部，面向全国青年科技人才、研究团队，旨在通过腾讯及合作伙伴在人工智能领域的技术、产品、课题等资源，为青年科技人才和研究团队提供产学研一体化的交流实践平台，助力青年科技人才培养和科研课题合作交流。

2020 年 7 月，腾讯优图实验室宣布整合优图视觉 AI 在泛娱乐、广电传媒、内容审核、工业等领域的多年技术积累和产业实践经验，正式发布 AI 泛娱乐平台、广电传媒 AI 平台、内容审核平台、工业 AI 平台四大平台产品。

三、重点领域发展情况

腾讯超级大脑是以腾讯云为基础，从 C 端拓展到 B 端和 G 端的云平台。对此，腾讯提出"三张网"概念——人联网、物联网及智联网。人联网基于腾讯 QQ、微信的传统社交产品优势，不仅在人与人之间实现连接，还在企业和政府机构用户群加强覆盖，在企业级服务市场发力。物联网基于腾讯的 QQ 物联智能硬件开放平台、TencentOS tiny 操作系统等平台，加强计算机视觉、语音识别、NPL 等 AI 技术的深度应用，实现万物互联，进而深度赋能产业界。智联网基于腾讯云的亿级用户服务能力，通过智能调配将云端的工具和资源作为"服务"进行合理流通，实现资源调配的自主进化学习。腾讯超级大脑可以解决长期以来的 AI 落地门槛高、标准化和系统集成能力不足的问题。依托腾讯云的技术基础和用户基础，腾讯超级大脑以"云－边－端"一体化的智能操作平台为合作伙伴和开发者提供服务，使其可以专注开发落地应用，而无须关注底层复杂的智能调度，从而为 AI 技术落地提供支持。

2020 年 7 月，腾讯宣布推出人工智能药物发现平台"云深智药（iDrug）"，向科研人员全面开放。平台基于腾讯 AILab 自主研发的深度学习算法，提供数据库和云计算支持，能覆盖临床前新药研发全部流程包含蛋白质结构预测、虚拟筛选、分子设计/优化、ADMET 性质预测（即将开源）及合成路线规划等在内的五大模块。在 AI+医疗领域，腾讯已积累起一定的前沿算法、优化数据库和计算资源上的优势，希望通过整合自身的优势研究能力与应用经验，打造 AI 驱动的新药研发平台，用技术助力药企与科研机构，缩短药物研发周期，提高药物研发流程的效率和准确率。

第三节 阿里巴巴

一、总体发展概况

阿里巴巴人工智能实验室（AI实验室）成立于2016年，2017年7月首次公开亮相，2021年1月整体并入阿里云智能。主要负责阿里巴巴旗下消费级AI产品的研发，致力于研究前沿科技并与商业结合，将人工智能技术赋能机器，服务20亿消费者，立志成为下一代人机交互入口。阿里AI实验室的主要研究方向有：语音助手、工业设计、智能制造、机器人技术等。该实验室已经孵化出天猫精灵、AliGenie硬件开放平台、行动机器人等产品。

阿里巴巴全球研究院——达摩院成立于2017年10月。目前，阿里巴巴已经形成了以达摩院为核心的科研体系，并在人工智能、芯片、量子计算、区块链、自动驾驶等领域全面布局，目前设有14个实验室，在全球8个地区设立研究中心。近几年，阿里巴巴每年在技术和研发上的投入超过1000亿元。

自2017年开始，阿里巴巴收购了许多AI芯片公司，其中包括寒武纪、Barefoot Networks、深鉴、耐能（Kneron）、翱捷科技（ASR）、中天微、恒玄科技等。

阿里巴巴以零售业务为核心，人工智能业务核心在于对电商、物流等零售服务业务体系内的商家提供技术支持。

在产品方面，2017年7月，阿里巴巴阿里云智能事业群发布AI智能终端品牌天猫精灵（TmallGenie）。天猫精灵是阿里巴巴人工智能实验室旗下最成功的消费级AI产品品牌，截至目前整体销量已经超过1000万个，成为中国第一、全球第三的智能音箱产品。天猫精灵能够领跑市场，依仗的是其庞大的商业生态优势。比如天猫精灵的X1智能音箱，就将优酷、虾米音乐、飞猪等内容、服务生态融入其中，其丰富的功能赢得了诸多用户欢迎；其次，淘宝、天猫平台的支持，也为天猫精灵音箱产品销量的增长提供了不少助力。2019年8月，阿里巴巴宣布推出一款专门用于语音合成的人工智能FPGA芯片Ouroboros。阿里

巴巴宣称，该芯片的 FPGA 是业界第一款专门用于语音合成算法的人工智能 FPGA 芯片设计，可将语音生成算法的计算效率提高 100 倍以上。2019 年 9 月，阿里巴巴发布首款人工智能芯片"含光 800"，这是平头哥半导体成立以来的首款硬件产品，是阿里 20 年发展史上首款自主研发、流片量产的芯片。随着含光 800 的发布，平头哥端云一体全栈产品系列初步成型。基础单元处理器 IP，C-Sky 系列、玄铁系列，为 AIoT 终端芯片提供高性价比 IP；一站式芯片设计平台，无剑 SoC 平台集成 CPU、GPU、NPU 等，降低了芯片设计门槛；AI 芯片，含光 800 通过 AI 云服务为 AI 场景提供高性能算力。这三大产品系列实现了芯片设计链路的全覆盖。阿里巴巴也通过这些芯片战略展现了他们芯云端的芯片决心。

在平台方面，2020 年 9 月，阿里巴巴旗下首个新制造平台"犀牛智造"亮相，同时犀牛智造工厂正式投产。犀牛智造定位于"开放、普惠、共赢"的新制造，瞄准了中小商家痛点，打造新制造样板工厂，目前服务中小商家，未来将与中小工厂实现开放合作，推动行业数字化、智能化。犀牛智造以 IOT 物联网、云计算、人工智能等新技术为基础，拥有高度柔性的供应链，可以按需生产、以销定产、快速交付，打通了生产全链路的数字化。试点阶段已与 200 多家淘宝店主达成合作，做到"100 件起订、7 天交付"。2017 年 10 月，阿里巴巴发布 AliGenie 技术开放平台，面向内容、应用、智能家居开发及硬件生产商等四种开发者。在 AliGenie3.0 版本，又增添了行动能力，包括精准定位、自主导航、高精建图、环境感知、传感器融合、多模态交互、多机器人协同等技术。开发者只需调用这些技术，就能让其智能设备变身成为机器人。

二、重大发展战略

阿里巴巴在人工智能领域从产品向基础设施发展，布局人工智能实验室，建立开放平台和 AI 联盟，凭借电商、支付和云服务资源优势与人工智能技术深度融合，将技术优势逐步面向多领域发展。目前，阿里巴巴主要以阿里云为基础，在零售、家居、出行（汽车）、金融、智能城市和智能工业等领域进行产业布局。

2020 年 4 月，阿里云 IoT 和天猫精灵正式整合资源，共同开拓人工

智能物联网（AIoT）领域，帮助 3C、数码、大小家电、家装家居等行业智能化升级。为支持合作伙伴在疫情后快速复苏，阿里巴巴将投入亿级资源开启"精灵伙伴计划"，计划未来一年打造百款千万级智能新品。

2020 年 5 月，阿里巴巴宣布将投入 100 亿元，用于围绕天猫精灵全面布局人工智能物联网（AIoT）及内容生态领域。天猫精灵将全面接入包括健康、文娱、购物、教育等领域在内的"阿里经济体"，与内容产业展开深度合作，用以扩大生态。

三、重点领域发展情况

智能机器人。2020 年 9 月，阿里巴巴发布第一款机器人"小蛮驴"（XiaoManLu），同时发布机器人平台，正式进军机器人赛道。小蛮驴机器人集成了达摩院最前沿的人工智能和自动驾驶技术，具有类人认知智能，"大脑"应急反应速度达到人类 7 倍，充 4 度电就能跑 100 多公里，每天最多能送 500 个快递，雷暴闪电、高温雨雪以及车库、隧道等极端环境均不影响其性能。

AI 芯片。2018 年 9 月，阿里巴巴宣布旗下达摩院联合中天微成立芯片公司——平头哥半导体。平头哥半导体与母公司的机器智能技术实验室合作设计人工智能芯片。该公司专注于定制化人工智能芯片，即应用型专用集成电路（ASIC），用于自主车辆、智慧城市规划及物流。

人工智能系统。2017 年 3 月，阿里云在"云栖大会·深圳峰会"宣布推出人工智能技术——ET 大脑。ET 大脑是阿里云研发的超级智能，目前已具备图像/视频识别、智能语音交互、机器学习、情感分析等功能，为社会和商业提供多种解决方案。ET 大脑能够通过多维感知、全局洞察、实时决策、持续学习进化，不断优化策略组合，在复杂局面下快速做出最优决定。阿里云的科学家还与杭州市政府和各行各业合作，通过不同领域的大数据对 ET 大脑进行专项训练，研发出了 ET 城市大脑、ET 工业大脑、ET 医疗大脑、ET 环境大脑等子系统，增强 ET 大脑在不同领域的针对性应用。当前，ET 大脑已经广泛运用到工业制造、城市交通、医疗健康、环保、金融、航空、社会安全、物流调度等十几个垂直领域。例如，ET 城市大脑在杭州的运用，不仅对城市进行全局实时分析，自动调配公共资源，修正城市运行中的不足，成为智慧城市的重

要基础设施，还可以接管信号灯，融合现有系统和视频数据，感知预测包括拥堵、违停、事故等多项交通事件并进行智能处理，大幅缩短通行时间。ET 环境大脑的运用，可以感知和解决雾霾、排污和自然灾害问题，辅助政府公益机构实现对生态环境的综合决策与智能监管，可以将气温、风力、气压、湿度、降水、太阳辐射等信息进行交叉分析；支持对雾霾的智能预测，为雾霾的智能预测，为雾霾形势研判和对应提供信息服务和技术支撑。

第四节　第四范式

一、总体发展概况

第四范式成立于 2014 年，是一家人工智能技术与服务提供商，利用机器学习技术，帮助企业提升效率、降低风险，获得更大的商业价值。第四范式坚持以 "Empower AI Transformation and Inspire AI For Everyone" 为企业愿景，依托 AutoML、迁移学习等技术和企业级人工智能 PaaS 平台，不断推动人工智能快速、规模化产业落地。目前，第四范式已在银行、保险、政务、能源、智能制造、零售、医疗、证券等领域积累超过上万个 AI 落地案例。2020 年 4 月，第四范式宣布完成 C+轮融资，两次 C 轮融资总额达到 2.3 亿美元。2021 年 1 月，第四范式宣布完成 D 轮融资，总额为 7 亿美元。D 轮融资后，第四范式计划将资金用于进一步加速重点产业布局，构建基于 AI 的企业级生态体系，培养 AI 尖端产业人才。

依托于领先的机器学习技术与丰富的行业实践经验，第四范式打造了全栈式 AI 核心系统，助力企业 AI 转型，主要包括：企业数智化引擎"天枢"，天枢是助力企业智能化转型的一站式流量运营平台；企业级人工智能平台"4Paradigm Sage EE"，即先知（Sage），帮助企业实现 AI 应用全流程的构建；一站式 AI 模型线上管理运维平台"4Paradigm Sage EE LaunchPad"；AI 应用系统"智能风控平台"，主要解决各类欺诈和信用风险问题。其中先知（Sage）是第四范式的核心产品。

"先知（Sage）"是世界上首个成熟的企业级人工智能生产服务支持

平台，采用大规模分布式架构实现高效的离线计算和实时计算，能力覆盖从数据处理、模型调研、应用构建、应用上线到 AI 治理全流程，赋予企业自主构建 AI 应用的能力，支持企业和开发者在平台上结合实际业务需求开发各类行业智能应用。

二、重大发展战略

第四范式实施开放式发展战略，面向合作伙伴和开发者提供更加充分、周到和深入的开放合作服务，降低 AI 服务能力的使用门槛，助力人工智能技术驱动产业变革。基于先知平台，第四范式建立起产品赋能、咨询赋能、交付赋能、营销赋能、技术赋能五大赋能中心，与广大解决方案商、咨询服务商、实施服务商、渠道分销商及开发者开展生态合作，形成强强联合、互补共赢的 AI 合作伙伴生态。

AI 产品和解决方案的价值必须依靠实实在在的规模化落地才能实现。在业务落地规模拓展方面，第四范式采取"1+N"战略逐步向多行业、多场景全方位渗透。"1+N"战略的"1"即结合企业的核心业务，把 1 个或多个核心场景发挥到极致；"N"是用最高的效率规模化落地尽可能多的场景，使场景的总体价值最大化。

通过"1+N"战略，第四范式不仅能与客户在 AI 应用中快速理清一条主线应用脉络，还能让客户更快认同第四范式 AI 赋能给企业带来的巨大价值。目前，第四范式 AI 商用落地已形成一定规模，不仅验证了第四范式平台的通用性，也为企业全面智化转型提供了关键支撑。

三、重点领域发展情况

第四范式在迁移学习、高 VC 维机器学习、AutoML、高性能 AI 算力，以及 AI 在各应用领域内的创新技术等方向居于世界领先地位。以 Sage AI 平台为例，其内涵的 Studio、Hyper-Engine、Data Platform 开发套件，能够协助不同层次开发者进行更细致的开发工作。Studio 是为 AI 应用量身打造的开发套件，旨在为企业提供低门槛、全面、端到端、可拓展、企业级的 AI 应用开发工具。Hyper-Engine 是 AI 应用内核和 AI 模型投产而量身打造的运行环境，凭借强大而全面的工作流引擎和

线上服务引擎，为各种 AI 应用提供高实时、高性能、高可用的运行支撑。Data Platform 是服务于人工智能数据应用的数据存储系统，以完备的数据接入功能、因地制宜的数据治理手段以及高效的应用搭建能力，为企业数字化业务转型提供面向 AI 的数据仓库。

此外，第四范式新发布的企业级 AI 软硬一体集成系统 SageOne，采用由软件定义的专用 AI 系统架构，贯通硬件基础设施、AI 核心引擎、AI 平台和 AI 业务应用的全价值链条，全面支撑企业 AI "1+N" 业务场景应用需求。

第四范式在以下多个行业实现了落地。

（1）智慧银行

在开放银行服务体系下，人工智能技术与金融业务深度融合，在提升金融机构服务效率的同时，实现了客户服务体系的智能化、个性化。第四范式银行业人工智能解决方案助力银行实现精细化客户营销管理，内部运营优化，在开源节流的同时持续控制风险。第四范式助力银行实现数智化银行战略转型发展，拓展全业务领域、全渠道、全流程的 AI 规模化应用。

（2）智慧保险

保险行业正经历智能化升级阶段，由粗放型增长转为精细化运营。关注数据平台搭建与数据积累，以及客户体验和个性化服务的提供。第四范式赋能保险行业提供端到端的智能方案，提供全方位、个性化、智能化的保险客户旅程，提升客户黏度与触点，增加客户体验。借助第四范式面向保险业的人工智能解决方案，实现营销、投保、理赔到保全的全流程管理。

（3）智慧证券

券商的智能化转型进入深水区，从盲目追求 AI 平台落地，开始往业务赋能转型。在各个业务线条，从营销、投顾到投研量化和风控，需求愈加强烈，对 AI 厂商的技术深度要求也越来越高。第四范式深挖券商场景，帮助券商完成业务智能化革新。借助第四范式强大 AI 平台，帮忙券商更准确、实时地捕捉市场动态，洞察商机。

（4）智慧零售

随着新零售进入下半场，人工智能技术在零售各个环节的应用将助力零售企业构建以客户为中心的服务战略，全面提升企业智能化水平，完成智慧零售转型。借助第四范式面向零售行业的多个解决方案落地，可帮助企业提升"人货场"全面智慧化管理水平，达到降本增效的目的。

（5）智慧能源

能源产业从重资产投入的传统生产型业务，加速向低碳、清洁能源、综合能源服务、能源数字化等方向转变，能源科技创新不断涌现，加速数字化转型已成为能源行业的共识，AI已逐步被越来越多的能源企业接受，逐步应用在能源业务生产环节中。借助第四范式面向能源行业的人工智能解决方案，赋能能源行业生产营运智能化，助力产业结构转型。

（6）智慧政务

随着"创新、协调、绿色、开放、共享"发展理念的不断深入，以及"人工智能产业发展三年行动计划"的逐步落实，新型智慧城市建设迎来了前所未有的新机遇。人工智能的应用，旨在为城市管理者提供更加智慧的感知能力、更加科学的决策依据以及更加精细的治理方式。第四范式人工智能解决方案助力新型智慧城市建设，让城市具有思考力。

（7）智慧医疗

随着医疗医药行业的发展变革，人工智能技术应用将助力医疗医药企业构建以技术为驱动、以场景为核心的服务落地，全面提升医疗医药企业智能化水平，完成智慧医疗转型。借助第四范式面向医疗行业的人工智能解决方案，实现医疗医药企业全链路的智能化转型。

（8）智慧制造

随着中国进入由科技和创新驱动的新一轮发展阶段，越来越多的制造业企业开始寻求人工智能技术来进行企业的智能化转型，实现弯道超车。而制造业自身具备的丰富场景和海量数据，也为人工智能在制造业的发展提供了广阔的落地舞台和肥沃的数据养份。第四范式从实时生产的每个零件中学习，从产线运转的每台机器中洞察，人工智能帮助未来工厂从数字化到智能化。

第二十一章

智能无人装备企业

第一节 新松机器人

一、总体发展概况

新松机器人自动化股份有限公司（以下简称"新松"）成立于2000年，隶属中国科学院，是一家以机器人技术为核心的高科技上市公司。作为国家机器人产业化基地，新松拥有完整的机器人产品线及工业4.0整体解决方案。新松本部位于沈阳，在上海设有国际总部，在沈阳、上海、杭州、青岛、天津、无锡、潍坊建有产业园区，在济南设有山东新松工业软件研究院股份有限公司。同时，新松积极布局国际市场，在韩国、新加坡、泰国、德国、香港等地设立有控股子公司和海外区域中心，现拥有4000余人的研发创新团队，形成了以自主核心技术、核心零部件、核心产品及行业系统解决方案为一体的全产业价值链。

新松已创造了百余项行业第一，成功研制了具有自主知识产权的工业机器人、协作机器人、移动机器人、特种机器人、服务机器人五大系列百余种产品，面向智能工厂、智能装备、智能物流、半导体装备、智能交通，形成了十大产业方向，致力于打造数字化物联新模式。产品累计出口40多个国家和地区，为全球3000余家国际企业提供产业升级服务。

新松紧抓全球新一轮科技革命和产业变革契机，发挥人工智能技术的赋能效应，以工业互联网、大数据、云计算、5G网络等新一代尖端

科技推动机器人产业平台化发展，打造集创新链、产业链、金融链、人才链于一体的生态体系。新松不断推进科研成果深度应用，为新型基础设施建设、国家重大工程建设提供内生动力，为产业协同创新、造福民生福祉赋予澎湃动能。聚焦核心技术，共享智能时代。

二、重大发展战略

技术创新是公司核心竞争力的集中体现，公司被列入工业机器人全球排名前 10。公司作为中国机器人标准化总体组组长单位，起草并制定了多项国家及行业标准。截至 2020 年 6 月，公司共申请专利 1484 件。拥有院士专家工作站、国家博士后流动工作站。公司连续承担国家 863 重点项目、"十二五"智能制造发展专项项目、"十二五"国家科技支撑计划课题、"十三五"国家重点研发计划、科技部 02 专项项目、工信部研发项目、发改委研发项目、物联网发展专项基金项目、中国科学院院地合作项目、上海脑智工程项目、辽宁省科学技术计划项目等。

面对新一轮竞争，新松公司进一步实施"四轮驱动"战略。重点布局智能制造、医疗服务、半导体、国防安全四大业务板块。从内涵式增长转向"内生+外延"式发展，在产业链的纵向布局和并购重组的横向扩张两方面同时发力。着力构建"2＋N＋M"模式，在全国设立 N 个区域性公司，下面再建立 M 不同的子公司，完善网络化市场服务格局。经营方面，坚持技术创新、全球化战略、数字化管理。

三、重点领域发展情况

公司以机器人与自动化技术为核心，致力于为客户提供涵盖机器人、自动化成套装备、智能物流成套装备与信息化、智能化软件 MES 等为一体的数字化工厂整体解决方案，覆盖客户从产品设计、生产规划、生产执行、物流管理等产品全生产周期流程，帮助客户减少产品研发与上市的时间，提高产能，降低生产成本，引领客户向智能制造与工业 4.0 迈进。公司客户群体包括汽车、3C、一般制造、半导体、新能源、消费类等大型知名企业，并与上述客户保持长期稳定的战略合作关系，发挥以点带面，增强对下游行业市场的辐射能力和影响力。

（1）机器人业务

一是工业机器人，公司的工业机器人主要划分为通用型机器人与协作机器人。通用机器人主要以 6 轴工业机器人为核心，包括 SCARA 机器人、DELTA 机器人等产品，负载范围在 3kg～500kg，主要面向焊接、搬运、装配、打磨、抛光、涂胶、喷涂、注塑、切割等多种应用，为电子信息、汽车、机械、轨道交通、船舶、航空航天、冶金、电气、新能源、烟草、医药等领域提供广泛服务。协作机器人具备快速配置、牵引示教、视觉引导、碰撞检测等功能，特别适用于布局紧凑、精准度高的柔性化生产线，满足精密装配、打磨、检测、机床上下料等工业操作需求，主要产品包括单臂协作机器人、双臂协作机器人、复合协作机器人、桌面级协作机器人，目前在汽车、3C、半导体、医疗领域实现应用。

二是移动机器人，公司的移动机器人包括装配型 AGV、搬运型 AGV 和智能巡检 AGV。装配型 AGV 适用于汽车底盘线动力总成、后桥总成与车身合装，服务的客户包括通用、福特、宝马、日产、捷豹路虎、特斯拉等全球知名车企。搬运型 AGV 适用于物料分拣、升降接货卸货、运输等作业环节，主要在智能物流领域应用。智能巡检 AGV 可搭载 5G 网络，具备自主导航、自主避障、自主充电，对人体、人脸、车辆、车牌智能识别和火灾、气体等异常检测的功能，适用于室外厂区巡检、园区巡逻、周界巡防、教育实训等应用领域。公司的移动机器人目前拥有全球领先的导航技术，其大（重）负载的承载能力、混合供电的应用等技术达到国际一流水平。

三是特种机器人，公司的特种机器人主要为特定领域的重要用户提供智能化、无人化建设服务，产品包括自动转载机器人系统、移动机器人转载输送系统、装备自动保障系统、应急救援机器人系统、蛇形机器人等产品。公司围绕用户对特种机器人与智能化特种装备的个性化需求，专项进行科研立项，构建满足严格的生产与运营体系，为特种装备现代化建设提供产品与服务。

四是服务与医疗机器人，公司的服务机器人主要包括松果系列、家系列、智能平台系列、讲解机器人、盘点服务机器人、智能巡检机器人及履带式救援机器人，主要在展厅展馆行业、公共服务行业、新零售行业、政务金融行业以及巡检救援使用；公司的医疗机器人包括康复训练

机器人、医药配送机器人、消毒机器人、智能发药机、智能护理床、行走辅助机器人、医疗辅助机器人等产品，构建公司在智慧医疗、智慧养老领域的布局。

（2）数字化工厂业务

公司的数字化工厂业务主要包括智能装备、智能物流、智能交通等。智能装备主要由激光焊接、切割成套装备、自动化装配、检测系统等组成；智能物流核心产品包括自动存储（AS/RS、Shuttle）、输送、搬运、分拣、拆码垛以及智能物流信息系统，将先进物流装备技术与行业特点相结合、融入信息技术与现代物流管理理念，广泛应用于制造业物流、商贸物流等领域；智能交通包括轨道交通自动售检票系统、综合监控系统、屏蔽门系统、一卡通系统、NFC手机支付业务等。公司充分发挥以核心技术、核心零部件、核心产品及行业系统解决方案为一体的全产业价值链优势，结合丰富的软件开发和行业应用经验拓展数字化工厂业务。公司致力于融合人工智能、大数据、机器人、智能装备等先进技术手段，为用户量身打造完整的数字化工厂系统解决方案，对用户整个生产过程进行优化管理，推动用户智能化、数字化、无人化转型升级。

（3）半导体装备业务

公司的半导体装备业务始于2004年，在国家集成电路"02专项"的支持下，公司开始研发用于半导体行业的洁净机器人和物料搬运系统。目前公司半导体装备主要分为设备自动化和工厂自动化（AMHS）两大类产品。设备自动化主要产品有洁净机械手、大气机械手、EFEM、真空传输平台等，工厂自动化（AMHS）主要产品有OHT、STOCKER、复合机器人（MR）等，公司半导体装备业务面对的客户群体包括半导体工艺设备厂商、半导体制造厂商和面板厂商。经过十多年的发展，公司现已形成体系完整、系列丰富、应用广泛的产品线。半导体装备产业化验证时间较长，近年来公司半导体产品线陆续经过验证后将面临批量产业化的形势，其中公司EFEM产品已经占据国内主导的市场地位。公司研发的IC真空驱动机械手取得小批量销售突破，公司自主研发的中国首套柔性OLED机器人成功交付使用，是国产机器人首次进入高端柔性屏幕生产线。公司的真空传输平台产品包括公司自主研发的VCE、真空Aligner、真空直驱机械手等核心部件，性能指标与美国供应商完

全一致，产品应用得到验证，现已实现批量销售。公司研发的 AMHS 系统拥有行业先进的硬件和控制系统，现在逐步渗透到国内半导体终端客户即半导体制造厂商和面板制造厂商。

（4）工业软件与控制平台

公司的工业软件及控制平台将运动控制、PLC、可视化、机床加工技术、机器人技术、机器视觉、安全技术、状态监测和测量技术集成在同一个系统控制的工业软件平台上，可提供具有良好开放性、高度灵活性、模块化和可升级的、自主可控的互联网控制网络系统。整个平台包括从操作系统、智能驱动、RC、CNC、PLC、MES 等软件体系，到定制化芯片、模组及主板、码盘、伺服电机、伺服驱动器等硬件体系，打造"端—边—云协同"的智能制造解决方案，是从顶层到底层全体系自主可控的平台。工业软件及控制平台是工业数字化、网络化发展的基础，该平台荣获 2019 年第 21 届中国国际工业博览会机器人类金奖。

第二节 科沃斯机器人

一、总体发展概况

科沃斯机器人是国内家庭服务机器人行业的领先企业，在国内家庭服务机器人市场，科沃斯机器人在扫地、擦窗等清洁机器人领域拥有显著的品牌与市场优势。科沃斯机器人坚持以"智生活，享人生"为愿景，以"让机器人服务全球家庭"为使命，积极探索如何为用户带来更好的使用体验，期待让机器人走入全球更多家庭，成为用户家庭中的一份子，让用户轻松享受由机器人参与的现代智能家居生活。目前产品已服务全球超 1500 万个家庭。科沃斯机器人始终坚持以用户需求为研发方向，用创新推动行业发展，用智能科技赋能全球家庭共享未来美好生活。

科沃斯机器人通过"技术专利化、专利标准化、标准国际化"的模式，组织和引导企业加强技术标准的研究，促进自主创新与技术标准的融合，积极参与制定行业标准、国家标准和国际标准，抢占产业制高点。除了来自行业的认可，出色的市场表现也不断地证明科沃斯机器人的实力，根据中怡康数据，2019 年，在中国国内市场，科沃斯机器人线上零售额占比 46.9%，线下零售额占比 71.3%，在扫地机器人市场连续多年占据国内第一品牌的位置。

二、重大发展战略

（1）供应链战略

公司制定了规范的供应链管理流程，设有独立的采购中心，负责执行物料动态市场调研、采购价格及交货期、付款条件等其他商业条件的确定、供应商筛选、供应链绩效考核管理、订单跟踪与管理等职能。公司重要零部件均采购自各行业领先的供应商，其中核心零部件均有国产供应商备份，具有抵抗国际贸易摩擦带来风险的能力。

（2）生产策略

公司自有品牌采取自主生产与外包生产相结合的生产模式，其中自主生产产品主要为公司的技术新品和高端产品，部分技术含量相对较低的扫地机器人产品由公司外包给生产工艺与产品质量性能优秀的代工厂商以 ODM 模式代工生产。公司代工业务生产模式为取得采购订单后即根据采购订单进行生产排期并制定原材料采购计划，之后开始组织生产。

（3）销售策略

公司通过多种渠道实现销售，其中"Ecovacs 科沃斯"品牌家庭服务机器人和"TINECO 添可"品牌高端智能生活电器在国内外已形成了由线上渠道（包括线上 B2C、电商平台入仓、线上分销商）和线下渠道（主要为线下零售）组成的多元化销售体系。线下渠道兼具品牌展示和体验的功能，线上渠道具有显著的价格优势。清洁类小家电 OEM/ODM 业务主要向海外品牌商直接销售，生产完成后公司按批次将产品以 FOB 等方式通过海运或空运运送至代工客户指定港口、仓库。

（4）研发策略

公司坚持市场化导向，形成了产品研发和技术预研相结合的研发机制。产品研发主要是满足近期市场的用户诉求，具体由公司产品部或市场部根据对市场需求导向的分析，提出相应的研发方向，公司管理层及研发部门对研发方向的市场预期、可行性进行评估通过后，交由研发中心立项，进而组织研发中心的各个部门开展具体的研发工作。公司每年需要通过产品研发推出新的产品，服务于近期的市场销售目标。技术预研是对家庭服务机器人相关领域的前瞻性研发,研发周期较一般的产品研发更长,主要由公司研发中心根据未来技术和产品发展方向进行判断,确立研发方向,经公司批准后组织研发,并定期汇报研发进度,所形成的研发成果提交研发中心的项目管理部和公司市场部评审并决定是否形成相应的产品研发计划并立项。此类前瞻性研究对于公司把握未来产品的发展方向、保持公司在行业内的技术领先性有着重要意义。

三、重点领域发展情况

公司主营业务包括各类服务机器人、清洁类小家电等智能家用电器及相关零部件的研发、设计、生产与销售,是全球知名的服务机器人制造商之一。经过多年的发展,公司已形成了包括"Ecovacs 科沃斯"品牌扫地机器人、擦窗机器人、空气净化机器人等在内的较为完整的家庭服务机器人产品线,包括"TINECO 添可"品牌无线手持吸尘器等在内的高端智能生活电器产品线,以及针对企业、公共服务机构等客户的科沃斯品牌商用服务机器人产品线。

在商用机器人领域,公司致力于通过自主研发的面向公共服务领域的"AI+服务机器人"产品与技术,为金融、零售等行业垂直业务场景提供服务机器人解决方案。

在清洁类小家电等智能家用电器领域,业务范围包括为国内外知名吸尘器品牌厂商提供 OEM/ODM 服务以及公司自主品牌"TINECO 添可"系列清洁类智能化产品的研发、生产与销售。自主品牌"TINECO 添可"依托公司深厚的技术积累和对市场需求敏锐的认知,持续加大智能化产品的开发,致力于为消费者提供洁净舒适的家居生活;以"以智能科技创造梦想生活"为品牌使命,以智能科技为核心,为用户创造无限居家可能,实现美好生活的梦想。

第三节 大疆创新科技

一、总体发展概况

深圳市大疆创新科技有限公司(以下简称"大疆创新")成立于 2006

年，已发展成为空间智能时代的技术、影像和教育方案引领者。成立十四年间，大疆创新的业务从无人机系统拓展至多元化产品体系，在无人机、手持影像系统、机器人教育等多个领域，成为全球领先的品牌，以一流的技术产品重新定义了"中国制造"的内涵，并在更多前沿领域不断革新产品与解决方案。以创新为本，以人才及合作伙伴为根基，思考客户需求并解决问题，大疆创新得到了全球市场的尊重和肯定。公司员工 14000 余人，在 7 个国家设有 18 个分支机构，销售与服务网络覆盖全球一百多个国家和地区。

大疆创新的领先技术和产品已被广泛应用到航拍、遥感测绘、森林防火、电力巡线、搜索及救援、影视广告等工业及商业领域，同时亦成为全球众多航模航拍爱好者的最佳选择。大疆创新将结合自身的积累和优势，不断开发创新技术，为用户设计和创造更多更卓越的产品和服务。目前，公司产品占据了全球超 80%的市场份额，国内超 70%，在全球民用无人机企业中排名第一。

二、重大发展战略

（1）持续创新战略

公司不停地用创新型技术进行产品的迭代更新，将竞争对手远远甩开，快速占领市场，快速市场化，加大无人机的使用场景。2015 年 2 月，美国权威商业杂志《快公司》评选出 2015 年十大消费类电子产品创新型公司，大疆创新科技有限公司是惟一一家中国本土企业，在谷歌、特斯拉之后位列第三。2014—2017 年公司的专利申请数一直位居行业首位，连续 4 年排名第一。截至 2018 年年底，大疆创新在世界知识产权组织国际专利申请排名中位列 29，获得专利授权 656 多件，涉及无人机结构设计、电路系统、飞行稳定、无线通信及控制系统等领域。2019 年 9 月，大疆创新入选工信部发布的 2019 年国家技术创新示范企业拟认定企业名单。2020 年 8 月 11 日，在云端举办的"2020 智慧城市峰会"中，深圳市大疆创新科技有限公司荣获"2020 智慧城市科技创新推动企业"称号。此次峰会共同探讨了行业未来发展趋势及方向，旨在甄选出具备蓝筹价值的物业企业，树立行业标杆，推动整个物业行业的规范和成熟。

（2）推广策略

公司活用网络社交媒体，开展以重视与客户沟通多样化为中心的市场营销活动。基本原则就是，国外发布会在先，国内发布会为辅，国内主要作用是媒体沟通，这也成为近年来硬件产品国际化的流行策略。大疆创新对欧美市场的重视，在定下了高端的产品调性后，也反过来推动国内市场的销售。跨界合作成为公司重要的渠道策略。DJI 大疆创新宣布，除在官网预定外，全球各地 Apple Store 零售店将首批现场发售精灵 Phantom 4 无人机，消费者可前往身边的 Apple Store 零售店购买。与苹果的深度合作，建立独家零售关系，是公司在销售渠道上的重大举动，也进一步提升了公司产品的定位。

（3）目标市场战略

大疆创新采取的是无差异市场营销，即如可口可乐一样，全球发行的无人机都是一个系列，无论是军用、农用还是消费级无人机，公司都占有很高的比例。

三、重点领域发展情况

（1）大疆消费级无人机和影像系统

自大疆创新创立至今，从第一代飞控系统到无人机系统和手持影像系统，消费级产品已远销超过 106 个国家和地区。旗下的无人系统，御 Mavic 系列、悟 Inspire 系列、晓 Spark 系列和精灵 Phantom 系列、手持影像系统、灵眸 Osmo 系列和如影 Ronin 系列，以及配套的 DJI FPV 系列和相机云台系列，产品覆盖了电子消费、摄影器材、户外运动、百货家电、玩具潮品、电信运营等众多领域。

（2）大疆教育

公司大疆致力于将前沿科技与教育结合，用有趣的方式，让更多学生和年轻人接触科技教育，激发学习热情，在实践中成长。从 2013 年首次举办 RoboMaster 大学生夏令营开始，历经多年的探索与沉淀，公司逐渐形成了以机器人为核心，集产品、课程、赛事于一身的教育体系。从面向高校学生的机甲大师赛和 AI 机器人，到面向中小学群体的机甲大师 S1 教育机器人、机甲大师 EP 教育拓展套装、青少年挑战赛、高中生假期营，公司正一步步开拓多种场景下不同年龄段的机器人教育市

场，打造一条覆盖全学龄段的创新人才培育链路，让每一位青少年，都能享受系统化、高品质的工程教育。

（3）大疆行业

大疆行业应用以"重塑生产力"为使命，致力于为政府、公共事业机构及企业客户呈现更加智能、高效、安全的未来。DJI 大疆行业应用与合作伙伴及开发者一道，以开放融合的姿态共同发展无人机技术产业生态，提供包括无人机飞行平台、多样化负载、专业软件、售后服务与飞行培训为一体的无人机行业解决方案，并以"+无人机"的理念不断革新、开放技术，助力实现产业生态智能化升级。DJI 大疆无人机解决方案已在全球多个国家和地区为公共安全、能源、农业、建筑、基础设施等领域得到广泛应用。

（4）大疆农业

大疆创新自 2012 年开始将无人机技术应用于农业领域，并于 2015 年设立大疆农业品牌。基于领先的无人机产品与多年的技术积累，大疆农业联合合作伙伴，共同构建了以人才培养、产品提升、药剂优化、技术升级为核心的飞防生态。旗下的 MG 系列、T16 植保无人飞机、T20 植保无人飞机、多光谱无人机 P4M、农田测绘无人机 P4R、大疆智图、大疆农服 App 等产品，在多个种植区域实现了应用。截至 2020 年 11 月，大疆农业全球市场保有量 7 万台，全球作业面积累计 6 亿亩，并培训超过了 4 万名专业持证植保飞手。

第四节 驭势科技

一、总体发展概况

驭势科技有限公司（以下简称"驭势科技"）成立于 2016 年 2 月，是一家专注于自动驾驶方案的初创公司，由前英特尔中国研究院院长吴甘沙创办，总部设在北京，在上海、浙江（嘉善）、深圳和柳州设有分支机构，拥有数百人的顶级研发团队和完整的知识产权布局。驭势科技致力于做赋能出行和物流新生态的 AI 驾驶员，并在机场/厂区物流、无人公交和乘用车智能驾驶等细分市场率先商业落地，是国内最早开启无

人驾驶商业化的公司。

吴甘沙曾先后担任英特尔中国研究院首席工程师、中国研究院院长，其在创业之初，就根据自动驾驶技术的特点，选定了特定场景 L4+高速公路 L3+AVP 三大发展方向，并迅速在广州白云机场、北京房山、杭州来福士商场等地进行落地探索，既积累了商业落地经验，又用实际场景的运营数据推动了技术进步。

作为工信部"新一代人工智能产业创新重点任务"的揭榜企业，驭势科技牵头开展 L4 级自动驾驶技术攻关，着力打造更为安全可靠，且支持"全场景、真无人、全天候"落地运营的自动驾驶平台。2020 年，公司核心产品和无人物流行业解决方案分别入选国家人工智能优秀产品、国家人工智能优秀应用解决方案。

截至 2018 年年底，驭势科技已获得三轮融资，总金额超 1 亿美元。2021 年 1 月，驭势科技（UISEE）宣布完成累计金额超 10 亿元人民币的新一轮融资，并获得国开制造业转型升级基金的战略注资。这是国开制造业转型升级基金在自动驾驶领域的首笔投资。

二、重大发展战略

驭势科技坚持选择"一个主航道，多梯次、多路径"探索未来发展方向。驭势科技通过市场化、商业化推动工程化，逐步实现这个目标。制定的战略是"1+1+X"，即打造一个车载的计算平台为中心的智能化，无人驾驶天然是一种运维的属性，所以要有云端的运维平台，包括大数据和车辆管理，再包括虚拟方阵平台。商业化落地的目标主要可以分为三个阶段，第一阶段是在一些限定的场景，最后一公里的地方，比如微循环、智慧机场、智慧工厂，在这些领域实现相对比较可靠的系统；第二阶段是乘用车领域；第三阶段是通过前期驾驶技能的不断积累来实现城市的无人驾驶。截至报告期，驭势科技已经与多类实体经济领域的头部企业展开了合作。

三、重点领域发展情况

驭势科技的主要核心产品是由"车脑"和"云脑"组成。"车脑"

是集成算法、软硬件一体的车规级智能驾驶控制系统，"云脑"作为智能驾驶云端大脑，则涵盖车辆云端运维管理、大数据采集分析、高精地图、建模与仿真、人机交互等功能模块。围绕这个产品核心，驭势科技打造了基于集成算法、硬件、云端数据的产品链。U-Drive 智能驾驶平台包含车规级智能驾驶控制器、AI 算法以及云端智能驾驶大脑三者合一。通过 AI 驾驶员平台，驭势科技可触达三个应用场景智慧物流、个人出行和公共出行。

（1）在智慧物流方面

2019 年，驭势科技推出了服务于货运的无人驾驶物流解决方案，其主要应用场景为机场、工厂和园区等。2019 年 12 月，驭势科技与香港机场合作的机场无人物流车已正式投入运营，成为世界首个机场无人驾驶物流车运营项目。2021 年 1 月 21 日，香港国际机场宣布，由驭势科技与香港国际机场管理局共同研发的无人驾驶物流车将替代人力驾驶拖车，承担往返机场和海天客运码头的行李运输任务，意味着其在机场的运用已逐步上量。2020 年 5 月，驭势科技和上汽通用五菱共同打造的河西基地无人驾驶物流线路正式完成交付，并实现了完全"去安全员"的技术突破，仅单条线路就实现了 50%以上的人工成本优化，通过无人驾驶技术为企业实现了降本增效。截至 2021 年 1 月，该项目累计建成 20 多条无人物流路线，常态化运营的"真无人"无人物流车达到百台规模，总运行里程达到 30 万多公里，运行总趟数超 20 万多次，常态化运营的无人驾驶车辆达到百台规模。

（2）在公共出行方面

驭势科技与东风公司在武汉打造了一批自动驾驶出租车队，通过搭载影子模式，驭势科技可逐渐实现其计划。按照驭势科技的规划，通过现有车辆的传感器收集量产车辆行驶时的路况数据，可在车载计算平台训练 L 4/L5 级自动驾驶技术的决策算法。未来，驭势科技计划在 1000 万台量产车上部署具备"影子模式"的自动驾驶系统，确保每一次 L4/5 级自动驾驶算法的迭代都能在一个月内完成数百亿公里的实车验证。最终在 2025 年前后实现 L4/5 级自动驾驶技术的大规模量产。2019 年 4 月，驭势科技还助力合作伙伴推出量产无人驾驶微循环小巴，以此解决人类开放道路最后 5 公里的出行问题。无人驾驶微循环小巴改变了传统

汽车的设计方式，完全以乘客为中心。基于人工智能新技术，该车可以根据站点自主规划路径，实现精确站点停靠、避障行车、出入泊车位，在设计中极其强调乘坐体验的舒适性，具有广泛的商业应用前景，必将重塑人类的出行方式，成为未来城市公共交通活跃的一部分。

（3）在个人出行方面

2017年1月，驭势科技向世界推出了无人驾驶概念车"城市移动包厢"，该车型成为全球第三款获得红点设计大奖的无人车。驭势科技在乘用车领域提供的自动代客泊车技术，仅依靠摄像头和超声波雷达等低成本传感器即可实现车辆的自主停车。驭势科技与上汽通用五菱合力研发搭载无人驾驶智能泊车服务的宝骏E200，已实现完全自动化的智能泊车功能，有效解决了停车困难的问题。两家企业签署战略合作协议，宣布在智能网联领域达成战略合作，未来将围绕无人驾驶项目，采取联合运营模式，共同推动无人驾驶项目的大规模商业化量产，该合作加速了无人驾驶商业化量产的发展。

政　策　篇

第二十二章

中国人工智能产业重点政策解析

第一节 支持创建天津（滨海新区）、北京、杭州、广州、成都等 5 个国家人工智能创新应用先导区

一、政策背景

当下人工智能行业正处在由"技术攻关"向"应用落地"的时期，在此深化转变时期，加速人工智能技术攻关、支持新产品、新技术产业化和应用推广是人工智能行业破局的关键。由此，工信部支持建立人工智能创新应用先导区以推动行业发展。通过先导区的深化改革、制度创新和融通发展，优化制度建设、应用示范、人才保障等措施，使人工智能更好地带动实体经济发展。

继上海（浦东新区）、深圳、济南-青岛 3 个先导区后，2021 年 2 月 19 日，工业和信息化部发布第二批先导区名单，即北京、天津（滨海新区）、杭州、广州、成都国家人工智能创新应用先导区。至此，全国人工智能创新应用先导区增至 8 个。建设国家人工智能创新应用先导区是落实党的十九届五中全会和中央经济工作会议精神，贯彻实施中央全面深化改革委员会第七次会议部署，部省协同鼓励人工智能服务于实体经济并与实体经济深度融合的重大措施。先导区建设以应用牵引为手段，通过应用场景加速产业落地；以改革创新为精神，通过新的思路和

机制激发人工智能产业的活力；以部省联动为组织形式，通过优势互补形成工作合力；坚持特色发展，因地制宜发展智能经济。

二、主要内容

北京国家人工智能创新应用先导区结合北京国际科技创新中心建设的整体部署，发挥技术原创、产业生态、人才基础、发展环境等多重优势，加快核心算法、基础软硬件等技术研发，加速智能基础设施建设，打造全球领先的人工智能创新策源地。聚焦智能制造、智能网联汽车、智慧城市、"科技冬奥"等重点领域，加快建设并开放人工智能深度应用场景，优化治理环境，持续推进人工智能和实体经济深度融合，打造超大型智慧城市高质量发展的示范区和改革先行区。

天津（滨海新区）国家人工智能创新应用先导区围绕京津冀协同发展战略，面向产业智能转型、政务服务升级和民生品质改善等切实需求，发挥中国（天津）自由贸易试验区政策优势，推动智能制造、智慧港口、智慧社区等重点领域突破发展。着力建设人工智能基础零部件、"人工智能+信创"产业集群，打造共性技术硬平台和创新服务软平台，推动人工智能产业补链强链。

杭州国家人工智能创新应用先导区充分发挥城市数字治理、先进制造等方面的基础优势，进一步深化人工智能技术在城市管理、智能制造、智慧金融等领域的应用。通过改革创新举措，积极探索符合国情的人工智能治理模式与路径，促进新技术、新产品安全可靠推广，着力打造城市数字治理方案输出地、智能制造能力供给地、数据使用规则首创地。

广州国家人工智能创新应用先导区紧扣粤港澳大湾区发展要求，充分利用产业链条齐全、创新要素汇集、应用场景丰富等条件，高标准建设人工智能与数字经济实验区。聚焦发展智能关键器件、智能软件、智能设备等核心智能产业，面向计算机视觉等重点技术方向和工业、商贸等重点应用领域，不断挖掘人工智能深度应用场景，为广州实现老城市新活力和"四个出新出彩"提供新动能。

成都国家人工智能创新应用先导区立足"一带一路"重要枢纽与战略支撑点的区位优势，把握成渝地区双城经济圈建设机遇，以人工智能赋能中小企业为重要抓手，聚焦医疗、金融等优势行业，释放应用场景

清单，促进技术－产业迭代发展。成都可结合西部地区特点，在模式、政策、机制创新上进行积极探索和实践，打造有丰富活力的人工智能产业生态圈和功能区，辐射带动区域内和区域间人工智能的融通发展。

三、影响分析

工业和信息化部通过与有关省市加强协同，将先导区建设作为推动人工智能和实体经济深度融合的重要载体，不断挖掘机制改革"深度"，提升创新能力"高度"，加快应用落地"速度"，增进产业集聚"热度"，导出经验、模式、产品及服务，为经济高质量发展提供有力支撑。一是人工智能先导区的制定和尝试将提供我国在促进人工智能产业应用落地发展方面更丰富的经验；二是省部协同的人工智能先导区可以以省份为单位，通过省域间的优势互补，合力促进我国人工智能产业的国际竞争力；三是人工智能应用先导区将有利于人工智能核心产业集群，使地区释放人工智能发展规模效应。

第二节 天津市出台《天津市建设国家新一代人工智能创新发展试验区行动计划》

一、政策背景

2019 年初，国家科技部成立新一代人工智能治理专业委员会，拟建设一批国家新一代人工智能创新发展试验区（以下简称"人工智能试验区"）。由于天津市在人工智能发展方面具有突出优势，如政策环境优化完备、算力基础设施夯实、数据资源丰富、特色产业集群发展迅速、"智能＋"融合发展呈现显著等，这些有利条件能够保证人工智能试验区的建设。为深入学习贯彻习近平总书记关于人工智能的系列重要讲话精神，并加快建设"天津智港"，天津市认真总结推进人工智能创新发展的经验做法，编制了人工智能试验区申报建设方案。2019 年 10 月 18 日，天津市获批建设人工智能试验区，这是继北京、上海试点后的第一批人工智能试验区。科技部批复中要求，天津人工智能试验区建设要围绕国家重大战略和天津市经济社会发展需求，探索新一代人工智能发展

的新路径新机制，形成可复制、可推广经验，示范带动京津冀区域协同发展。为保证天津市人工智能产业应用落地，为贯彻习近平总书记的贺信精神，全面落实科技部复函要求，深入推动人工智能试验区高标准建设，天津市科技局通过调研起草、专家研讨、征求意见，会同市委网信办、市发展改革委、市教委、市工业和信息化局等21个部门（区），于2020年9月形成了《天津市建设国家新一代人工智能创新发展试验区行动计划》（以下简称《行动计划》）。

二、主要内容

《行动计划》主要包含以下三方面：

一是加速重大应用场景落地，提升综合支撑力。在智能制造、智慧港口、智慧城市等方面打造天津样板，形成一批可复制推广的高水平人工智能应用解决方案。加快人工智能、车联网、区块链等应用场景建设，打造100个人工智能行业应用场景示范项目，推动中新天津生态城等引领人工智能创新应用示范。

二是加快培育人工智能产业，提升产业聚集力。培育10家百亿级以上的人工智能领军企业、50家以上细分领域处于领先地位的人工智能高新技术企业，形成3至5个千亿规模的人工智能产业创新集群。

三是加大人才引进培养力度，提升创新创业活力。加快集聚人工智能领域高层次人才，引进培育10个以上有国际影响力的人才或团队、100名领军人才、1000名高端研发和技术人才，为构建人工智能领域创新生态、产业生态提供人才智力支撑。

三、影响分析

《行动计划》为天津市人工智能试验区建设制定了阶段性目标，有利于促进天津市在人工智能领域大幅提升产业聚集力、创新创业活力、综合支撑力，并取得显著成绩。《行动计划》明确了天津市在智能制造、智慧港口、智慧城市、车联网应用等人工智能应用领域的场景应用方向，有利于将人工智能试验区打造为引领天津市人工智能产业发展的核心载体，实现新突破。

第三节　上海出台若干落实人工智能的"上海方案"

一、政策背景

为打造世界级前沿产业集群，提升科技创新和产业融合能力，建设具有国际市场竞争力的开放型产业体系，2020年10月15日，上海市临港管委会发布了关于印发修订后的《中国（上海）自由贸易试验区临港新片区集聚发展人工智能产业若干政策》（以下简称《人工智能政策》）的通知。2020年12月18日，临港新片区管委会正式发布了《临港新片区前沿产业发展"十四五"规划》，将加快人工智能发展写入了"十四五"规划，努力打造开源创新的人工智能产业是临港新片区的重点任务之一。

二、主要内容

1. 《临港新片区集聚发展人工智能产业若干政策（2020—2023）》主要内容

《人工智能政策》分别从试验区人工智能技术发展、基础设施、平台建设和行业生态方面提出支持举措，进一步加快人工智能产业的集聚和发展，资金支持最高达1亿元。

（1）在试验区人工智能技术发展方面

支持关键技术源头创新。包括支持企业围绕人工智能芯片、核心算法、操作系统及基础软件、智能传感器等基础核心技术和关键共性技术开展攻关，对引领产业发展或取得颠覆性突破的项目，根据技术创新性给予投资额资金支持。

（2）在试验区人工智能基础设施和平台建设方面

一是是支持建设开源深度学习平台。如支持企业开发自主可控的人工智能开源框架，建设以深度学习框架为核心的开源开放平台。

二是支持建设用于人工智能的公开数据集。分别针对人工智能核心算法、深度学习、自主协同控制等基础理论领域和智能芯片、人机交互、数据挖掘等核心关键技术领域，面向计算机视觉、自然语言处理、智能语音、自动驾驶等重点攻关方向、重点产品研发需求，支持建立高质量、

开放式的人工智能训练数据集、标准测试数据集等资源库；推动行业龙头企业建立行业专业数据集。

三是支持基础设施优化完善和率先应用。加快推进完备的国际通信设施建设，加快推进第五代移动通信技术（5G）、互联网协议第6版（IPv6）、云计算、物联网、车联网等新一代信息基础设施建设以及网络智能化改造和新型工业互联网络规模化部署，率先实现移动通信网络和固定宽带网络"双千兆"全覆盖，为人工智能深度广泛应用提供信息高速公路。

（3）在试验区人工智能行业生态方面

一是支持技术落地应用。包括支持重大项目集聚、支持丰富场景实现示范应用、采取"双向"奖励制度加速场景丰富及实际应用、结合临港新片区智慧城市、智慧产业、智慧旅游建设中能够支撑打造特殊经济功能区、现代化新城的关键核心项目。

二是支持行业生态建设。鼓励有条件的企业、高校院所、科研单位和行业协会等机构在新片区面向全球，建设人工智能服务平台，为人工智能企业提供技术、市场、资本、进出口贸易、法律、税务等服务；鼓励企业、高校院所、科研机构在新片区建设开源开放、共享协同的人工智能数据归集、算法汇聚、算力开放及检验检测的创新支撑平台。

三是支持企业规模化发展。对人工智能企业根据主营业务收入按照晋级补差原则分别给奖励，支持企业走出去。

四是支持国内外人工智能企业来新片区落户。

五是支持产学研深度融合。在临港新片区高校利用原有的计算机、计算数学、软件开发、信息控制工程等专业优势，升级建设人工智能专业和学科，对于成功建成专业和学科的学校和学院，经综合评估对产业的支撑和绩效作用后，给予每个专业和学科最高200万元的一次性奖励；支持高校院所、龙头企业建设重点实验室、研发中心、创新中心、技术中心等研发机构，支持研究实体与龙头企业合作，加速研究成果产品化。

六是支持知识产权保护。

2. 《临港新片区前沿产业发展"十四五"规划》与人工智能相关的主要内容

在《临港新片区前沿产业发展"十四五"规划》中，临港新片区制定了人工智能核心产业及相关产业规模达到 900 亿元的产值目标，并采取以下重点举措：将聚焦芯片、传感器关键技术研发；加速推进"AI+"多元应用场景落地；加快建设人工智能开源开放平台；加大宣传营造产业集聚发展氛围。此外，临港新片区将探索人工智能产品技术示范应用风险补偿机制，鼓励各类主体率先应用人工智能技术提升全要素生产率和服务水平；将探索建立健全数据保护、备份审查、交易风险评估等安全管理机制。

三、影响分析

修订后的《中国（上海）自由贸易试验区临港新片区集聚发展人工智能产业若干政策》是对之前集聚发展人工智能产业若干措施进行的配套细化与迭代升级。《临港新片区前沿产业发展"十四五"规划》将人工智能定为四大核心前沿产业集群之一，有利于临港新片区打造开源创新赋能的人工智能产业，促使新片区前沿产业与人工智能、数字经济进一步融合、加快提升产业能级，进一步推动新片区人工智能核心产业集聚发展，依托应用场景优势，吸引国际创新元素不断积聚，加快人工智能核心基础技术创新，打造以智能网联汽车车载试验区为代表的人工智能新兴增长极，形成人工智能与实体经济融合发展示范应用的新典范，为上海形成人工智能发展体系提供有力支撑。

第四节　武汉制定《武汉国家新一代人工智能创新发展试验区建设方案》

一、政策背景

为深入推进武汉国家新一代人工智能创新发展试验区建设，抢抓人工智能发展机遇，赋能全市经济社会发展，打造国内一流的人工智能创

新集聚区和产业高地，贯彻落实武汉市委十三届八次全会关于"争创国家新一代人工智能创新发展试验区"决策部署，武汉市编制了《武汉国家新一代人工智能创新发展试验区建设方案》，科技部组织专家论证通过了该方案并于 2020 年 9 月 3 日批复同意武汉建设国家新一代人工智能创新发展试验区。

二、主要内容

《武汉国家新一代人工智能创新发展试验区建设方案》主要内容包含以下九个方面。

一是招引培育人工智能头部企业。对人工智能头部企业将总部迁入我市或者在我市设立区域总部的，除享受现有总部政策外，自认定后次年度起，连续 3 年按照核算年度地方财政贡献较上年度增量部分的 50% 给予奖励，每年最高奖励 500 万元。

二是支持人工智能制造业重大投资项目。在我市总投资超过 2 亿元的人工智能制造业重大项目，按照实际固定资产投资的 10%（最高 5 亿元）资金支持，特别重大项目实行"一事一议"政策支持。

三是设立人工智能产业投资基金。设立人工智能产业投资基金，首期规模 20 亿元，5 年内总规模达到 100 亿元，重点投向人工智能领域创业企业和优质项目。

四是支持孵化培育人工智能中小企业。对创业孵化载体孵化培育人工智能企业首次被认定为高新技术企业的，每认定 1 家，给予创业孵化载体 20 万元资金补助。对新认定的国家、省、市级人工智能专业孵化器，分别给予 200 万元、100 万元、50 万元资金补助。对人工智能企业数量达到 30 家的创业孵化载体，给予 100 万元资金补助。

五是支持人工智能关键技术攻关。针对制约人工智能发展和应用的"卡脖子"技术，实施市科技重大专项技术攻关，对评审通过的项目按总投入的 30%给予资金支持（最高 3000 万元）。对牵头承担人工智能领域国家科技重大专项国家重点研发计划项目的企业，按照国家拨付资金的 50%给予配套资金支持（最高 500 万元）。

六是支持人工智能创新平台建设。支持建设人工智能共性技术研发平台，按平台建设新购置研发设备总价的 50%给予资金补助（最高 4000

万元）。支持建设武汉人工智能计算中心等基础平台，鼓励基于基础平台构筑生态体系，对承担生态体系建设的主体实行"一事一议"政策支持。

七是支持人工智能产品落地应用。支持人工智能企业开展首台（套）研发应用、软件产品和服务开发应用，对符合条件的人工智能创新产品实行政府首购、订购和优先采购。鼓励其他领域企业根据自身需求购买人工智能产品或者使用人工智能技术与服务支持集成电路自主芯片或者模组开发应用，按照《市人民政府关于印发武汉市加快集成电路产业高质量发展若干政策的通知》的规定给予支持。

八是支持人工智能应用场景建设。推进我市人工智能新技术新产品新模式在武汉率先运用。聚焦智能制造、智能数字设计与建造、交通、医疗与健康、养老、教育等方面的应用，对人工智能行业示范应用场景项目建设主体按照实际投入的30%给予资金支持（最高200万元）。

九是支持引进培育人工智能领域高端人才。支持在汉高校院所、龙头骨干企业、新型研发机构引进人工智能领域"高精尖缺"人才，符合条件的优先纳入"武汉英才""3551"人才计划，市科技计划项目优先立项资助。实施武汉人工智能领军人才计划，对入选领军型创新创业团队给予最高500万元项目资助；对顶尖人才和团队的重大项目实行"一事一议"政策支持。

三、影响分析

湖北省将重点支持在智能制造、智能网联汽车、智慧教育、智慧医疗、智慧康养、智慧城市、智慧交通、智慧文旅、区块链、智能网络安全、智慧公共安全等16个重点领域布局开展人工智能技术创新。湖北省人工智能关键核心技术实现多点突破。积极发挥武汉试验区的辐射带动作用，全省培育有影响力的人工智能高新技术企业100家以上，布局建设100个左右技术创新示范工程，人工智能核心产业规模超过600亿元，带动相关产业规模达到6000亿元。

第五节　苏州出台《苏州市促进新一代人工智能产业发展的若干措施》

一、政策背景

为深入贯彻国家人工智能发展战略，落实《江苏省新一代人工智能产业发展实施意见》《苏州市人工智能产业发展规划》，抢抓人工智能发展战略机遇，加快推进苏州人工智能科技创新和产业集聚发展，根据《"苏州制造"品牌建设三年行动计划》《关于全力打响"苏州制造"品牌的若干措施》等文件要求，结合苏州市实际，出台《苏州市促进新一代人工智能产业发展的若干措施》。

2021年4月19日，在"一区两中心"建设推进大会上，苏州市发布国家新一代人工智能创新发展试验区加快建设的产业政策，即《苏州市促进新一代人工智能产业发展的若干措施》。近年来，人工智能作为新一轮产业变革的核心驱动力、国际竞争的新焦点和经济发展的新引擎，正加速与实体经济深度融合，助力产业转型升级。苏州将人工智能作为先导产业进行培育发展，应用赋能和产业集聚取得显著成效，人工智能产业发展综合水平迈入全国第一梯队。截至目前，全市已集聚人工智能相关企业超1000家，2020年苏州人工智能相关产业规模达897.4亿元，近三年产值规模平均增速达24.8%。

自2020年起，苏州市把人工智能纳入"新基建"范畴，产业发展迈入发展快车道。此次的若干措施结合苏州产业特点，重点围绕人工智能赋能实体经济发展这一主线，首次出台人工智能专项支持政策，主要是人工智能产业的集聚发展、自主创新、融合应用、生态发展四个方面。

二、主要内容

《苏州市促进新一代人工智能产业发展的若干措施》主要包含以下四个方面的内容。

一是促进产业集聚发展。包括支持重点企业引育，支持企业做大做强和支持重大项目集聚3条措施。其中，"支持重点企业引育"主要包括对企业总部迁入、重点企业落户、众创空间企业孵化等给予相应现有

政策支持;"支持企业做大做强"主要是支持人工智能龙头企业实施对强链补链有重大影响的兼并重组,给予最高 1000 万元补助;对首次入选的人工智能"头雁"企业给予最高 100 万元奖励。

二是加快产业自主创新。包括支持关键技术创新、支持重大创新项目、支持创新产品推广应用和支持参与标准制定 4 条措施。其中,"支持关键技术创新"主要是支持重点领域技术攻关,突破一批"卡脖子"技术,给予单个项目最高 500 万元的补助;"支持重大创新项目"主要是建立重点支持领域创新项目库,对技术水平先进、商业模式领先的项目择优给予最高 200 万元的项目扶持;"支持创新产品推广应用"主要是对经苏州市及以上认定的首台(套)装备及关键零部件、经江苏省及以上认定的首版次人工智能软件,分别给予最高 1000 万元和 200 万元的奖励;"支持参与标准制定"主要是对主导、参与人工智能标准研制的单位,给予最高 100 万元/项的奖励。

三是促进产业融合发展。包括支持场景应用示范、支持供给能力提升、支持加强供需对接等 3 条措施。其中,"支持场景应用示范"主要是在全市范围内择优评定苏州人工智能应用场景示范项目,给予场景提供主体(非政府投资主体)最高 200 万元的奖励,给予人工智能产品及服务提供商最高 100 万元的奖励;"支持供给能力提升"主要是择优评定市级优秀人工智能产品及服务,给予最高 20 万元/项的奖励;"支持加强供需对接"主要是鼓励建设运营人工智能供需信息对接服务平台,按不超过年度运营经费 20%给予单个平台每年最高 100 万元的补贴。

四是优化产业发展生态。包括支持重大载体创建、支持平台开放共享、支持举办重大活动、支持产教深度融合和支持产业服务机构建设 5 条措施。其中,"支持重大载体创建"主要是对获评的国家级、省级人工智能创新应用先导区,分别给予最高 300 万元、200 万元奖励;对新获认定人工智能领域的市级制造业创新中心、省级制造业创新中心分别给予最高 100 万元、500 万元奖励;"支持平台开放共享"主要是鼓励企业、科研院所开放共享人工智能数据归集、算力开放等创新支撑平台,为苏州人工智能产业发展提供研发、云资源租赁等服务,择优给予综合贡献度较高的开放平台最高 100 万元的奖励。"支持产教深度融合"主要是鼓励在苏高校研究设立人工智能专业和学科,支持人工智能校企合

作共建产教融合人才公共实训基地,最高给予 100 万元建设资助。

三、影响分析

《苏州市促进新一代人工智能产业发展的若干措施》围绕国家重大战略和苏州市经济社会发展需求,能够促进人工智能在赋能苏州经济转型和高质量发展中发挥重要作用,有助于今后为示范带动长三角一体化发展起到更好的作用。函件中要求,聚焦工业互联网、工业机器人、装备制造等重点方向,加强机器学习、智能计算等人工智能前沿理论和关键核心技术的研发应用,促进人工智能与制造业深度融合。拓展应用场景,在生物医药、文化旅游、金融服务等领域打造人工智能创新应用标杆。为苏州市人工智能产业发展指明了方向,有利于苏州市充分发挥制造业优势,推动人工智能与实体经济深度融合。

第六节 国家标准委等五部门制定《国家新一代人工智能标准体系建设指南》

一、政策背景

为落实党中央、国务院关于发展人工智能的决策部署,推动人工智能技术在开源、开放的产业生态中不断自我优化,充分发挥基础共性、伦理、安全隐私等方面标准的引领作用,指导人工智能国家标准、行业标准、团体标准等的制修订和协调配套,形成标准引领人工智能产业全面规范化发展的新格局,2020 年 8 月,国家标准委等五部门协同制定《国家新一代人工智能标准体系建设指南》,该政策进一步深化了我国人工智能领域标准化顶层设计、产业技术研发和标准制定及产业健康可持续发展。

二、主要内容

《国家新一代人工智能标准体系建设指南》主要包含基础共性标准、支撑技术与产品标准、基础软硬件平台标准、关键通用技术标准、关键领域技术标准、产品与服务标准、行业应用标准和安全／伦理标准八个方面。

一是基础共性标准，主要针对人工智能基础进行规范，包括术语、参考架构、测试评估等部分。其中术语标准用于统一人工智能相关概念、技术、应用行业场景，为其他各部分标准的制定和企业人工智能研究提供支撑，包括人工智能术语相关定义、范畴、实例等标准；参考架构标准规范人工智能相关技术、应用及价值链的逻辑关系和相互作用，为开展人工智能相关标准研制工作提供定位和方向建议；测试评估标准围绕人工智能技术发展的成熟度、行业发展水平、企业能力等方面提取测试及评估的共性需求。包括人工智能相关的服务能力成熟度评估、人工智能通用性测试指南、评估原则以及等级要求、企业能力框架及测评要求等标准。

二是支撑技术与产品标准，主要包括大数据、物联网、云计算、边缘计算、智能传感器、数据存储及传输设备等部分。其中，大数据标准用于规范人工智能研发及应用等过程涉及的数据存储、处理、分析等大数据相关支撑技术要素；物联网标准用于规范人工智能研发和应用过程中涉及的感知和执行关键技术要素，为人工智能各类感知信息的采集、交互和互联互通提供支撑；云计算标准用于规范面向人工智能的云计算平台、资源及服务，为人工智能信息的存储、运算、共享提供支撑；边缘计算标准用于规范人工智能应用涉及的端计算设备、网络、数据与应用；智能传感器标准，用于规范高精度传感器、新型 MEMS 传感器等，为人工智能的硬件发展提供标准支撑；数据存储及传输设备标准用于规范数据存储、传输设备相关技术、数据接口等。

三是基础软硬件平台标准，主要包括智能芯片、系统软件、开发框架等部分。其中，智能芯片标准用于规范智能计算芯片、新型感知芯片及相关底层接口等，为人工智能模型的训练和推理提供算力支持；系统软件标准用于规范人工智能软硬件优化编译器、人工智能算子库、人工智能软硬件平台计算性能等，促进软硬件平台的协同优化；开发框架标准包括机器学习框架和应用系统之间的开发接口、神经网络模型表达和压缩等标准。

四是关键通用技术标准，主要包括机器学习、知识图谱、类脑智能计算、量子智能计算、模式识别等部分。其中，机器学习标准用于规范监督学习、无监督学习、半监督学习、集成学习、深度学习和强化学习

等不同类型的模型、训练数据、知识库、表达和评价；知识图谱标准用于规范知识描述的结构形式、解释过程、知识深度语义的技术要求等，解决知识表示粒度、方式的不确定性问题；类脑智能计算标准用于规范类脑计算算法基本模型、性能和应用，为人工智能系统提供新的计算架构，提高人工智能处理复杂问题的能力；量子智能计算标准用于规范量子计算算法基本模型、性能和应用，为提高人工智能计算能力提供支撑；模式识别标准用于规范自适应或自组织的模式识别系统的特点、模型、技术要求和评价方法。

五是关键领域技术标准，主要包括自然语言处理、智能语音、计算机视觉、生物特征识别、虚拟现实／增强现实、人机交互等部分。其中，自然语言处理标准用于规定自然语言处理基础、信息提取、文本内容分析等方面的技术要求，解决计算机理解和表达自然语言过程中的数据、分析方法和语义描述的一致性问题；智能语音标准用于规范人机语言通信的技术和方法，确保语音识别、语音合成及其应用的准确性、一致性、高效性和可用性；计算机视觉标准用于规定计算机及视觉感知设备对目标进行检测、识别、跟踪的技术要求，解决图片或视频采集、处理、识别、理解和反馈等各环节的一致性和互联互通问题；生物特征识别标准用于规范计算机利用人体所固有的生理特征（指纹、人脸、虹膜、声纹、DNA 等）或行为特征（步态、击键等）来进行个人身份鉴定的技术要求，解决生物特征描述、数据、接口的一致性问题；虚拟现实/增强现实标准用于为用户提供视觉、触觉、听觉等多感官信息一致性体验的通用技术要求；人机交互标准用于规范人与信息系统多通道、多模式和多维度的交互途径、模式、方法和技术要求，解决语音、手势、体感、脑机等多模态交互的融合协调和高效应用的问题，确保高可靠性和安全性交互模式。

六是产品与服务标准，包括智能机器人、智能运载工具、智能终端、智能服务等部分。其中，智能机器人标准中，一方面完善服务机器人硬件接口、安全使用以及多模态交互模式、功能集、服务机器人应用操作系统框架、服务机器人云平台通用要求等标准，另一方面重点在工业机器人路径动态规划、协作型机器人设计等开展标准化工作；智能运载工具标准方面，开展人工智能技术应用在智能运载工具领域的通用标准体

系建设和标准研制；智能终端标准方面，支持开展人工智能技术应用在智能终端领域的标准研究，重点围绕移动智能终端产品图像识别、人脸识别、AI 芯片等相关技术开展标准化工作；智能服务标准方面，包括图像识别、智能语音、自然语言处理、机器学习算法等标准。

七是行业应用标准，主要包括在智能制造、智能农业、智能交通、智能医疗、智能教育、智能商务、智能能源、智能物流、智能金融、智能家居、智能政务、智慧城市、公共安全、智能环保、智能法庭、智能游戏等方面的应用。其中，应注意跨行业、跨专业、跨领域、多应用场景的特点和不同行业的侧重点不同。以市场驱动为主、行业引导、政府支持相结合，立足行业需求，兼顾技术迭代体系建设。

八是安全与伦理标准，包括人工智能领域的安全与隐私保护、伦理等部分。其中，安全与隐私保护标准包括基础安全，数据、算法和模型安全，技术和系统安全，安全管理和服务，安全测试评估，产品和应用安全等六个部分。伦理标准包含规范人工智能服务冲击传统道德伦理和法律秩序而产生的要求，重点研究领域为医疗、交通、应急救援等特殊行业。

三、影响分析

《国家新一代人工智能标准体系建设指南》为人工智能标准体系建设提出了明确的目标，明确人工智能标准化顶层设计，研究标准体系建设和标准研制的总体规则，明确标准之间的关系、关键领域技术、伦理等 20 项以上重点标准的预研工作。为我国到 2023 年初步建立人工智能标准体系，重点研制数据、算法、系统、服务等重点急需标准提供了政策指导，且有利于推进人工智能标准体系率先应用于制造、交通、金融、安防、家居、养老、环保、教育、医疗健康、司法等重点行业和领域。

第七节 工信部印发《工业互联网创新发展行动计划（2021-2023 年）》

一、政策背景

过去三年是工业互联网起步发展期，工业和信息化部会同工业互联

网专项工作组各单位，实施《工业互联网发展行动计划（2018—2020年）》，发布实施十余项落地性文件，不断完善政策体系，实施工业互联网创新发展工程，带动总投资近700亿元，遴选4个国家级工业互联网产业示范基地和258个试点示范项目，打造了一批高水平的公共服务平台，培育了一批龙头企业和解决方案供应商。网络基础、平台中枢、数据要素、安全保障作用进一步显现，工业互联网新型基础设施不断夯实，新模式新业态创新活跃，产业生态不断壮大，各地方、产业各界共识不断凝聚，积极性不断提升，为下一步发展打下坚实基础。未来三年是工业互联网的快速成长期。为深入贯彻习近平总书记对工业互联网的一系列重要指示精神，落实党中央、国务院决策部署，进一步巩固提升发展成效，更好地谋划推进未来一个阶段的发展，2021年1月，工信部工业互联网专项工作组制定出台了《工业互联网创新发展行动计划（2021—2023年）》(以下简称《三年行动计划》)。

二、主要内容

《三年行动计划》结合当前产业发展实际和技术产业演进趋势，确立了未来三年我国工业互联网的发展目标。到2023年，新型基础设施进一步完善，融合应用成效进一步彰显，技术创新能力进一步提升，产业发展生态进一步健全，安全保障能力进一步增强。工业互联网新型基础设施建设量质并进，新模式、新业态大范围推广，产业综合实力显著提升。《三年行动计划》共提出了五个方面、11项重点行动和10大重点工程，着力解决工业互联网发展中的深层次难点、痛点问题，推动产业数字化，带动数字产业化。

（1）基础设施建设方面

一是实施网络体系强基行动，推进工业互联网网络互联互通工程，推动IT与OT网络深度融合，在10个重点行业打造30个5G全链接工厂。二是实施标识解析增强行动，推进工业互联网标识解析体系增强工程，完善标识体系构建，引导企业建设二级节点不少于120个、递归节点不少于20个。三是实施平台体系壮大行动，推进工业互联网平台体系化升级工程，推动工业设备和业务系统上云上平台数量比2020年翻一番。

（2）持续深化融合应用方面

一是实施数据汇聚赋能行动，制定工业大数据标准，促进数据互联互通。二是实施新型模式培育行动，推进工业互联网新模式推广工程，培育推广智能化制造、网络化协同、个性化定制、服务化延伸、数字化管理等新模式。三是实施融通应用深化行动，推进工业互联网融通应用工程，持续深化"5G+工业互联网"融合应用。

（3）强化技术创新能力方面

一是实施关键标准建设行动，推进工业互联网标准化工程，实施标准引领和标准推广计划，完成60项以上关键标准研制。二是实施技术能力提升行动，推进工业互联网技术产品创新工程，加强工业互联网基础支撑技术攻关，加快新型关键技术与产品研发。

（4）培育壮大产业生态方面

一是实施产业协同发展行动，推进工业互联网产业生态培育工程，培育技术创新企业和运营服务商，再建设5个国家级工业互联网产业示范基地，打造10个"5G+工业互联网"融合应用先导区。二是实施开放合作深化行动，营造开放、多元、包容的发展环境，推动多边、区域层面政策和规则协调，支持在自贸区等开展新模式新业态先行先试。

（5）提升安全保障水平方面

实施安全保障强化行动，推进工业互联网安全综合保障能力提升工程，完善网络安全分类分级管理制度。加强技术创新突破，实施保障能力提升计划，推动中小企业"安全上云"，强化公共服务供给，培育网络安全产业生态。

三、影响分析

《工业互联网创新发展行动计划（2021—2023年）》明确提出要围绕智能化制造、网络化协同、个性化定制、服务化延伸、数字化管理等制造业新模式，重点开展新型模式培育行动，推动工业化和信息化在更广范围、更深程度、更高水平上融合发展，将有效重塑工业生产制造和服务体系，对实现制造业高质量发展具有重要意义。

第八节 "十四五"规划中人工智能相关政策

一、政策背景

2021年3月,《"十四五"规划和2035远景目标的发展环境、指导方针和主要目标》中提出推动互联网、大数据、人工智能等同各产业深度融合,要瞄准人工智能等前沿领域,实施一批具有前瞻性、战略性的国家重大科技项目。

我国发展环境面临深刻复杂变化。当前和今后一个时期,我国发展仍然处于重要战略机遇期,但机遇和挑战都有新的发展变化。当今世界正经历百年未有之大变局,新一轮科技革命和产业变革深入发展,国际力量对比深刻调整,和平与发展仍然是时代主题,人类命运共同体理念深入人心,同时国际环境日趋复杂,不稳定性不确定性明显增加,新冠肺炎疫情影响广泛深远,经济全球化遭遇逆流,世界进入动荡变革期,单边主义、保护主义、霸权主义对世界和平与发展构成威胁。我国已转向高质量发展阶段,制度优势显著,治理效能提升,经济长期向好,物质基础雄厚,人力资源丰富,市场空间广阔,发展韧性强劲,社会大局稳定,继续发展具有多方面优势和条件,同时我国发展不平衡不充分问题仍然突出,重点领域关键环节改革任务仍然艰巨,创新能力不适应高质量发展要求,农业基础还不稳固,城乡区域发展和收入分配差距较大,生态环保任重道远,民生保障存在短板,社会治理还有弱项。全党要统筹中华民族伟大复兴战略全局和世界百年未有之大变局,深刻认识我国社会主要矛盾变化带来的新特征新要求,深刻认识错综复杂的国际环境带来的新矛盾新挑战,增强机遇意识和风险意识,立足社会主义初级阶段基本国情,保持战略定力,办好自己的事,认识和把握发展规律,发扬斗争精神,树立底线思维,准确识变、科学应变、主动求变,善于在危机中育先机、于变局中开新局,抓住机遇,应对挑战,趋利避害,奋勇前进。

二、主要内容

"十四五"规划中与人工智能相关的政策主要包含以下两个方面。

一是强化包含人工智能等的国家战略科技力量。制定科技强国行动纲要，健全社会主义市场经济条件下新型举国体制，打好关键核心技术攻坚战，提高创新链整体效能。加强基础研究、注重原始创新，优化学科布局和研发布局，推进学科交叉融合，完善共性基础技术供给体系。瞄准人工智能、量子信息、集成电路、生命健康、脑科学、生物育种、空天科技、深地深海等前沿领域，实施一批具有前瞻性、战略性的国家重大科技项目。制定实施战略性科学计划和科学工程，推进科研院所、高校、企业科研力量优化配置和资源共享。推进国家实验室建设，重组国家重点实验室体系。布局建设综合性国家科学中心和区域性创新高地，支持北京、上海、粤港澳大湾区形成国际科技创新中心。构建国家科研论文和科技信息高端交流平台。

二是发展包含人工智能等的战略性新兴产业。加快壮大新一代信息技术、生物技术、新能源、新材料、高端装备、新能源汽车、绿色环保以及航空航天、海洋装备等产业。推动互联网、大数据、人工智能等同各产业深度融合，推动先进制造业集群发展，构建一批各具特色、优势互补、结构合理的战略性新兴产业增长引擎，培育新技术、新产品、新业态、新模式。促进平台经济、共享经济健康发展。鼓励企业兼并重组，防止低水平重复建设。

三、影响分析

一方面，国家"十四五"规划提出，强化国家战略科技力量，打好关键核心技术攻坚战，提高创新链整体效能，大力发展人工智能产业，有利于将人工智能技术发展上升为国家战略层面，激发全国人工智能市场的凝聚力。另一方面，各省市"十四五"规划也将人工智能计划纳入其中，能够促进我国人工智能市场持续升温，市场规模将保持稳定的增长速度，推动中国的人工智能产业迎来新一轮的大发展。

展望篇

第二十三章

国际主流智库预测性观点综述

第一节　美国信息技术和创新基金会

2021年1月25日，美国科技创新智库"信息技术和创新基金会"（ITIF）发布题为《谁将赢得这场人工智能竞赛？中国、欧盟还是美国？》（Who Is Winning the AI Race: China, the EU, or the United States?）的2021年版报告。该系列报告的首份于2019年发布。报告指出，在人工智能（AI）的开发和应用方面占据领先地位的国家将能够塑造这一技术的未来、显著提高自身的经济竞争力，而落后的国家则可能失去关键行业的竞争力。

一、中国正在挑战美国在AI领域的领先地位

美国已成为人工智能领域的领跑者。中国与美国的差距并没有显著缩小，但其持续进步的势头可能逐步消磨美国的领先地位。相较于欧盟和美国，中国的部分人工智能能力有所提高。在人工智能相关出版物方面，中国已超过欧盟，成为全球领导者。人工智能的研究质量总体呈逐年上升趋势。中国的软件和计算机服务企业的研发投入不断增大。中国目前拥有的TOP500的超级计算机数目几乎是美国的2倍。在产生的数据量方面，中国仍可能保持领先地位。

二、欧盟在人工智能领域的进展喜忧参半

欧盟与美国的私募基金与风险投资之比有所增加。在人工智能领域学术论文的质量而言，欧盟的 FWCI 指标有所提升。但在融资交易数量、人工智能企业收购情况，以及融资至少 100 万美元的人工智能企业数量等方面，欧盟已远远落后于美国。在研发支出方面，欧盟的软件和计算机服务企业未能缩小其与美国企业的差距。英国脱欧将从绝对数量和人均水平上进一步削弱欧盟的人工智能能力。

三、对美国与欧盟加强 AI 竞争力提出建议

报告指出，中国政府已将人工智能列为优先发展事项，美国和欧盟能够也应当采取措施予以回应。报告就美国和欧盟应如何进一步促进人工智能能力的发展提出了建议。对欧盟来说，一是着力应对欧盟及其成员国面临的最大挑战——对人工智能的质疑；二是欧盟成员国应增加研发税收优惠；三是成员国应扩大其公共研究机构（PRIs）。对美国来说，一是更积极地支持人工智能研究和部署；二是促进人工智能的应用，以推动创新；三是联合民主同盟国家，采取多种方式开展合作。

第二节　CB Insights

CB Insights 于 2021 年 4 月发布最新一期的全球人工智能初创百强企业榜单（简称"AI 100"榜单）。AI 100 榜单是全球公认的人工智能领域最具权威性的榜单之一。从 2017 年 CB Insights 首次发布，如今已经进行到第 5 届，该榜单已成为人工智能领域的风向标。

最新的 2021 AI 100 榜单由 CB Insights 研究团队从 6000 余家创业企业（成立不超过 10 年的非上市公司）池中挑选而出，分别来自全球 12 个国家，包括中国、美国、英国、日本等。其业务涉及范围广泛，从药物研发到医院营收管理，从制造业到城市垃圾分类，入选率仅为 1.6% 左右。其中地平线、赢彻科技、初速度、明晰智能、一流、循环智能等 6 家中国企业上榜。

一、中国公司在 AI 领域的崛起趋势稳定

从这 5 年的入选结果来看，中国公司在 AI 领域的崛起趋势保持稳定。在 2017 年 AI 100 名单上，来自中国的公司仅有 4 家（碳云智能、出门问问、Rokid、优必选），这一数字在 2018 年增加到了 7 家（今日头条、商汤、旷视、英语流利说、出门问问、寒武纪、优必选），2019 年有 6 家中国公司上榜（商汤、依图、旷视、第四范式、Momenta、地平线）。2020 年也有 6 家中国公司上榜（创新奇智、禾多科技、追一科技、第四范式、松鼠 AI、蓝胖子机器人）。最新的 2021 年 AI 100，中国公司上榜数量与上年持平，同时也出现了新面孔，上榜公司分别是：地平线、嬴彻科技、初速度、明晰智能、一流、循环智能。

二、AI 初创企业融资增长稳定，各行业应用不断深化

上榜的百家企业在 2020 年共计筹资超过 117 亿美元，涉及 370 余起融资事件和 700 多家投资方；上榜的 6 家中国企业融资总额超过 26.7 亿美元，范围包括 AI 基础设施、自动驾驶、计算机视觉及自然语言处理等。其中融资额最高的企业，主要分布在自动驾驶领域（比如 Aurora 以及中国企业 Momenta）、药物研发领域（比如 Insitro）、AI 处理器领域（比如 Graphcore 和中国企业地平线）。入选的企业中，有 37 家处于种子轮/天使轮及 A 轮，包括关注无线信号处理的 DeepSig、深度学习加速器 Deci，以及关注漏水监测的未融资企业 WINT。100 家企业中，有 12 家独角兽企业，其应用领域覆盖数据标注、网络安全、营销及 CRM 平台、企业搜索等。

第三节 Open AI

2020 年 4 月，Open AI 联合 30 个组织发布了名为《提高人工智能开发中的可验证性》的报告。报告提出了提高对人工智能系统索赔可核查性的机制和工具，开发人员可以使用这些工具提供 AI 系统安全、可靠、公平和能够保护隐私的证据，用户、决策者和民间组织则可以使用这些工具评估人工智能开发流程是否合理。

一、解决的问题

虽然很多组织都申明人工智能发展的过程遵循道德原则，但难以被验证，有可能增加社会风险和危害。报告阐述的机制，可以帮助利益相关者处理如下情况：

（1）用户可以验证有关新 AI 系统所保证的隐私保护级别的索赔吗？

（2）监管者可以追踪导致自动驾驶汽车事故的步骤吗？自主汽车公司的安全索赔应该与什么标准进行比较？

（3）当缺乏工业计算资源时，学者对与大型人工智能系统相关的风险进行公正的研究吗？

（4）AI 开发人员可以验证在 AI 开发特定领域的竞争对手遵循最佳实践，而不是为了获得优势而削减开支吗？

二、体制机制和建议

（1）第三方审计。利益攸关方联盟应设立一个特别工作组，研究对人工智能系统进行第三方审计并为其提供资金的备选方案。

（2）红色团队练习。开发 AI 的组织应开展红色团队练习，以探索与系统相关的风险，并应共享最佳实践和工具。

（3）偏见和安全赏金。AI 开发人员应为 AI 系统试行偏见和安全赏金，以建立对人工智能系统开展审查的激励措施和流程。

（4）AI 信息的共享。AI 开发人员应共享有关 AI 事件的更多信息，包括协作渠道、软件机制和建议。

（5）审计跟踪。标准制定机构应与学术界和行业合作，制定人工智能系统安全关键应用的审计跟踪要求。

（6）可解释性。发展人工智能投资机构的组织应支持对人工智能系统可解释性的研究，重点是支持风险评估和审计。

（7）隐私保护机器学习。AI 开发人员应开发、共享和使用成套工具进行隐私保护机器学习，包括针对通用标准的性能衡量标准。

三、硬件机制和建议

（1）为机器学习提供安全硬件。工业界和学术界应共同努力，为人工智能开发硬件安全功能，或以其他方式建立在机器学习环境中使用安全硬件的最佳实践。

（2）高精度计算测量。一个或多个人工智能实验室应详细估计单个项目所涉及的计算能力，并提供有关可能更广泛地采用此类方法的经验。

（3）计算对学术界的支持。政府资助机构应大幅度增加对学术界研究人员计算能力资源的资助，从而提高这些研究人员核实行业索赔的能力。

第四节 Gartner

2020 年 9 月，Gartner 发布了《2020 人工智能技术成熟度曲线报告》，展现 2020 年全球人工智能技术发展的现状与挑战，2020 人工智能技术成熟度曲线如图 23-1 所示。"Gartner 新兴技术成熟度曲线"展示新兴技术发展经历的五个关键阶段，将其划分为触发期、期望膨胀期、谷底期、启蒙爬升和平台期。Gartner 公司每年选取人工智能技术领域最热门的 30 多项技术，绘制成成熟度曲线，揭示相关技术的成熟度及发展趋势，是全球人工智能技术发展的风向标。

相较 2019 年，2020 年的人工智能技术成熟度曲线出现了 5 个新技术类别：客户端技术、复合型 AI、小数据、负责任的 AI 和生成型 AI。同时，删除和重新分类了 13 个技术，例如删除持 VPA 的无线扬声器，删除机器人流程自动化软件，将 AI 开发人员工具包重新划分到 AI 开发人员和教学工具包类别，将 AI PaaS 划分到 AI 云服务类型，将 C&SI 服务、AutoML 和可解释 AI 等划分到负责任的 AI 类型等。

Gartne 指出，聊天机器人是如今人工智能的一大典型应用，聊天机器人在保护顾客和员工信息安全和提供非接触式交互方面做出了巨大贡献。预计在 2 到 5 年的时间中，聊天机器人将成为企业使用人工智能的最主要形式，使用率将达到 100%。同时，2021 年，Gartner 将机器人

渗透率预期从 5%～20%提高到 20%～50%。

Gartner 认为，知识图谱是 2020 年技术进步最快、场景价值得到广泛验证的人工智能技术。已经在数字化工作场所、自动化、支持机器学习、数据分析、数字商务、数据管理等很多领域得到成功应用。Gartner 建议，公司的领导者可以把知识图谱作为数据库，尤其在数据有很多不同的来源和形式时。负责数据和分析的 IT 行业领导人有必要把知识图谱作为数据分析、治理和管理的工具，并建立多种知识图谱的互操作方式，这样可以有效防止数据孤岛扩散。

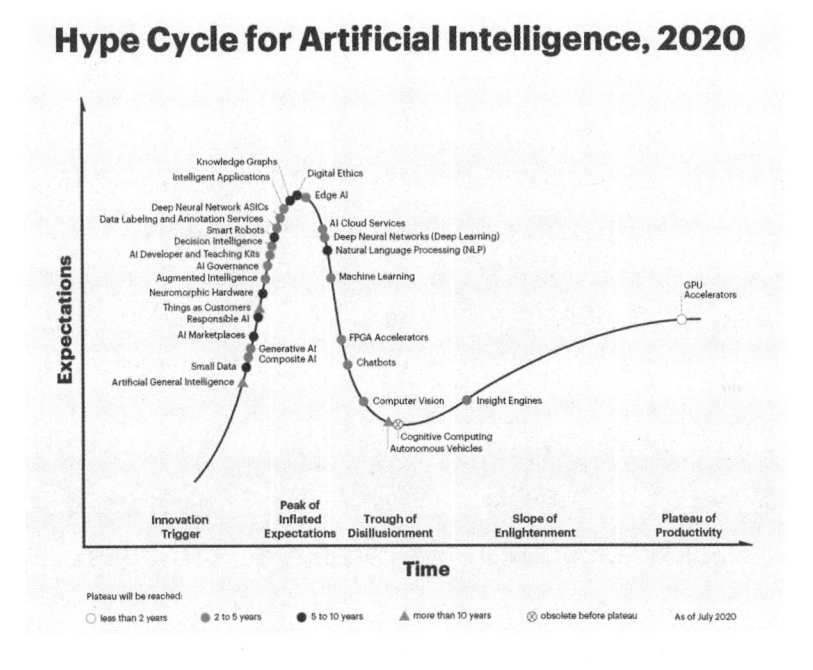

图 23-1　Gartner 2020 人工智能技术成熟度曲线

（数据来源：Gartner）

第五节　麦肯锡

2020 年，麦肯锡发布了名为《2020 年人工智能状况》的人工智能行业调查报告。《2020 年人工智能状况》对 2395 名受访者，用随机抽样的方式开展线上调查。样本涵盖全球各个地区、不同行业、不同公司

规模和各个管理层。在 2395 名受访者中，1115 名所在的企业使用了人工智能技术，很多受访者所在企业的多个部门都使用了人工智能技术。从行业上看，高新技术和电信产业是人工智能技术的主要应用者，汽车、装备等行业对人工智能技术的使用则相对落后。

《2020 年人工智能状况》表明，虽然全球企业普遍受到新冠肺炎大流行的冲击，但是 79%受访者所在的企业因为采用了人工智能技术，销售额和总收入都实现了增长；72%的供应链管理团队也因为采用了人工智能技术，今年也实现了收入同比增长。就人工智能推动企业发展的作用，报告提出以下观点。

（1）人工智能在销售、企业发展战略、融资和供应链管理等方面表现出的提高企业收益的作用显著。报告以企业部门为基本单位，研究了运用人工智能技术推动部门收入增长情况，发现在改进库存、定价、促销、客户服务、销售与需求预测等对客户关系影响最大的领域运用人工智能技术，对促进收入增长的作用最大。一些善于利用人工智能来提高库存周转率、加强定价准确性、提高促销效率、增加客户满意度和预测准确性的企业，收益甚至能够提升 20%。此外，人工智能技术通过提升仓库管理自动化水平、优化人才管理方案、提高联络中心的自动化程度等方式能显著降低企业的发展成本。

（2）在新冠肺炎大流行期间，收益提升快的企业，在人工智能方面的投资远超其他企业。报告发现，效益增长较快的普遍在其主要职能部门增加了人工智能技术的投资。这种表现在汽车、装备、医药行业最为典型。

（3）企业的负责人普遍认为网络安全是企业使用人工智能技术存在的唯一风险。报告发现，多数企业担心网络安全问题，此外，国家安全问题也是他们的关注点。而且，效益越好的企业负责人，越容易识别和避免多数风险发生。

第六节　德勤

德勤（Deloitte）是全球知名专业服务机构，为客户提供审计和鉴证、管理咨询、财务咨询、风险咨询、税务及相关服务。德勤透过遍及

全球逾150个国家与地区的成员网络及关联机构（统称为"德勤组织"）为财富全球500强企业中约80%的企业提供专业服务。德勤咨询公司是德勤集团主管咨询业务的子公司，由德勤集团咨询部门发展而来，2002年德勤国际会计师事务所正式对外宣布，德勤咨询脱离德勤集团而成为完全独立的咨询公司。德勤咨询分支机构遍布世界，涉及的行业领域包括消费品行业、制造业、通信媒体业、金融服务业、医药业、教育保健以及公共事业等。德勤咨询对2020—2021年中国及全球的人工智能产业发展主要有如下阐述和判断。

人工智能正全方位商业化，在各个行业引发深刻变革。目前AI技术已在金融、医疗、安防等多个领域实现技术落地，且应用场景也越来越丰富。人工智能的商业化在加速企业数字化、改善产业链结构、提高信息利用效率等方面起到了积极作用。

AI全面进入机器学习时代，未来人工智能的发展将是关键技术与产业的结合。每一次人工智能的发展都伴随着研究方法的突破，深度学习是近年机器学习技术突破的重要代表之一。随着人工人工智能研究和应用领域的不断延伸，未来人工智能将迎来更多技术的结合应用。

人工智能投资趋于理性，底层技术和易落地领域更受人工智能领先机构青睐。随着投资界和企业界对人工智能的了解逐步加深，人工智能投融资市场更加理性。人工智能投融资频次有所下降，但投资金额继续增加。特别是经过行业的一轮优胜劣汰后，底层技术创业公司以及落地性强的领域如医疗、教育、无人驾驶等创业项目继续受到人工智能领先机构的青睐。

城市是承载AI技术创新融合应用的综合性载体，也是人类与AI技术产生全面感知的集中体验地。不同城市在人工智能的顶层设计、算法突破、要素质量、融合质量、应用质量上有着不同的表现，形成多样化与个性化的AI发展模式。

政策与资本推动京津冀、长三角、珠三角成为人工智能企业分布最多的地区，北京、上海领跑全国。比如上海通过提供税收优惠、资金补贴、人才引入、优化政务流程等措施优化营商环境，吸引大量投融资资金、人工智能企业以及人才，科研实力突出。促进人工智能产业链上下游企业形成规模效应，提升城市人工智能产业实力。以上海和北京为代

表的一线城市在人才数量、企业数量、资本环境以及科研能力长期处于第一梯队。上海、北京的人工智能企业数量已超过 600 家，其中上海已经与科技巨头腾讯、微软以及人工智能独角兽商汤、松鼠 AI 建立了企业实验室。

（1）人工智能推动金融行业构建更大范围的高性能生态系统，提升金融企业商业效能并变革企业内部经营全过程。传统金融机构与科技公司合力推进人工智能在金融行业的深度渗透，重构服务架构，提升服务效率，向长尾客户提供个性化服务的同时降低金融风险。

（2）人工智能在教育行业的应用逐步深入，应用场景向覆盖教学全流程方向变革。在人工智能技术在教育领域的应用类型中，人工智能自适应学习在学习各环节应用最为广泛，此外，由于中国人口基数大，教育资源紧缺，对教育的重视程度等有利因素使自适应学习系统有望后来者居上。

（3）数字政务的建设主要依靠自上而下推动，构建政务数字化目标加速政府智能化变革。各地数字政务建设的需求不同，因而为企业提供的是定制化解决方案。公共安全领域进入门槛提高，强者恒强趋势明显，行业集中度进一步增强。

（4）以无人驾驶技术为主导的汽车行业将迎来产业链的革新。传统车企的生产、渠道和销售模式将被新兴的商业模式所替代。新兴的无人驾驶解决方案技术公司和传统车企的行业边界将被打破。随着共享汽车概念的兴起。无人驾驶技术下的共享出行将替代传统私家车的概念。随着无人驾驶行业规范和标准的制定，将衍生出更加安全和快捷的无人货运和物流等新兴行业。

（5）人工智能在制造业领域的应用潜力被低估，优质数据资源未被充分利用。制造业专业性强，解决方案的复杂性和定制化要求高，所以人工智能目前主要应用在产品质检分拣和预测性维护等易于复制和推广的领域。然而，生产设备产生的大量可靠、稳定、持续更新的数据尚未被充分利用，这些数据可以为人工智能公司提供优质的机器学习样本，以解决制造过程中的实际问题。

（6）零售领域应用场景从个别走向聚合，传统零售企业与创业企业结成伙伴关系，围绕人、货、场、链搭建应用场景。人工智能在各个零

售环节多点开花，应用场景碎片化并进入大规模实验期。传统零售企业开始布局人工智能，将与科技巨头在大数据应用和人工智能领域同台竞技，意味着零售商将更加积极与创业公司建立伙伴关系。

（7）医疗行业人工智能应用发展快速，但急需建立标准化的人工智能产品市场准入机制并加强医疗数据库的建设。人工智能的出现将帮助医疗行业解决医疗资源短缺和分配不均的众多民生问题。但由于关乎人的生命健康，医疗又是一个受管制较严的行业。人工智能能否如预期广泛应用，还将取决于产品商业化过程中如何制定医疗和数据监管标准。

第七节　国际数据公司

国际数据公司（IDC）是全球知名信息技术、电信行业和消费科技咨询、顾问和活动服务专业提供商，成立于1964年，在全球拥有超过1100名分析师，为110多个国家的技术和行业发展提供全球化、区域化和本地化的专业视角及服务，主要目标是帮助IT专业人士、业务主管和投资机构制定基于事实的技术决策，以实现关键业务目标。IDC于1986年正式在中国设立分支机构，是最早进入中国市场的全球著名的科技市场研究机构。IDC对2020—2021年中国及全球的人工智能产业发展主要有如下阐述和判断。

（1）2020—2021年新冠肺炎疫情对全球经济造成巨大影响，数字化转型的必要性已经凸显，新基建成中国数字经济化转型的主要驱动力。新基建多个领域与ICT密切相关，2020年新基建整体投资规模预计将达到2757.1亿美元，人工智能作为新基建的重要领域之一，将迎来快速增长。IDC预计，2020年中国人工智能市场规模将达到62.7亿美元，2019—2024年的年复合增长率为30.4%。

（2）在人工智能三要素中，算力成为驱动AI产业化和产业AI化发展的关键要素。人工智能应用对算力最大的挑战依然来自核心数据中心的模型训练，近年来，算法模型的复杂度呈现指数级增长趋势，正在不断逼近算力的上限。

（3）人工智能芯片产业仍处在成长期。预计2020年，中国的GPU服务器依然占据95%左右的市场份额，是数据中心人工智能加速方案的

首选。未来几年，随着推理工作负载在各个行业应用中不断增加，FPGA和ASIC等其他类型的加速芯片将在各个领域采用。预计到2024年，其他类型加速芯片的市场份额将快速发展，人工智能芯片市场呈现多元化发展趋势。

（4）服务器是人工智能基础设施的核心。到2020年，中国人工智能基础设施市场规模将达到39.3亿美元，其中服务器支出占比高达87%。人工智能服务器技术不断创新，包含多种互联方式和拓扑架构，以满足不同的应用场景需求。与此同时，人工智能基础设施正在向开放架构发展，以满足高效、灵活、可扩展的下一代人工智能数据中心的需求。

（5）日益增长的业务实时性需求使边缘和端侧的计算能力变得越来越重要。IDC预测，到2023年，接近20%的用于处理人工智能工作负载的服务器将部署在边缘。2020年是边缘计算广泛落地的元年，人工智能算力也会逐渐向边缘渗透，无论是更接近于端侧数据产生的轻边缘还是更接近核心数据中心的重边缘，都将迎来很大的发展契机。

（6）中国在算力基础设施领域已跻身全球领先行列。IDC发布的《全球人工智能市场半年度追踪报告》显示，2020—2021年上半年，全球人工智能服务器市场规模达55.9亿美元，其中，浪潮以16.4%的市占率位居全球第一，戴尔市占率14.7%位居第二，HPE市占率10.7%位居全球第三，华为（6%）和联想（5.7%）位列第四和第五。人工智能服务器通常搭载GPU、FPGA、ASIC等加速芯片，利用CPU与加速芯片的组合可以满足高吞吐量互联的需求，为自然语言处理、计算机视觉、语音交互等人工智能应用场景提供强大的算力支持。据IDC统计，全球人工智能服务器占人工智能基础设施市场的84.2%以上，是AI算力基础设施的主要角色。未来，人工智能服务器将保持高速增长，预计在2024年全球市场规模将达到251亿美元。IDC数据显示，中国厂商AI服务器全球占比达到28.1%。《2020全球计算力指数评估报告》显示，当前我国在TOP500超级计算机中占比接近一半，同时，我国也是AI算力支出占总算力支出最高的国家之一，AI算力支出占总算力支出的比例达到14.1%。

（7）产业AI化已经从早期的试点逐渐成为企业发展和生存的刚需。

过去一年，人工智能在行业的应用获得快速发展，通用型应用场景已经具有相当的成熟度，在业务需求的推动下，具有高行业属性的碎片化应用开始被广泛使用，并辐射到媒体娱乐、现代农业、智能家居、智慧电力等多个不同领域。与 2019 年相比，疫情推动下的智慧医疗以及疫情常态下园区、办公楼宇、社区的生物识别类应用比预计发展得更快；5G、物联网和边缘计算在未来也将加速多个行业应用，尤其是制造和能源企业对于人工智能的采用。

（8）企业普遍希望采用具有公共基础设施意义的人工智能算力基础设施。IDC 调研发现，超过九成的企业正在使用或计划在三年内使用人工智能，其中 74.5% 的企业期望在未来可以采用具备公用设施意义的人工智能新型基础设施。企业对于人工智能公共算力基础设施的 TOP5 需求分别是：用于人工智能训练的数据支撑、人工智能加速计算能力、配套的政策吸引、规模效应下的价格和成本因素，以及丰富的应用场景配置。

（9）2020 年中国城市人工智能算力排行榜 Top10 排名变化不大，具有产业优势的人工智能应用的城市涌现。2020 年中国城市人工智能算力排行榜中排名前五的城市依次为北京、深圳、杭州、上海、重庆，排名 6~10 的城市为广州、合肥、苏州、西安、南京。与 2019 年相比，深圳超过杭州位居第二，重庆进入第一梯队，西安超过南京位居第九。除 TOP10 城市之外，在自身产业优势及各种因素推动下，多个城市的人工智能应用取得了较大进展，例如东莞的智能制造、武汉的智慧医疗、合肥的智慧农业等，中国人工智能城市发展正遍地开花，未来将会出现越来越多结合城市特点的人工智能示范区，为产业发展树立标杆。

第八节　福布斯

《福布斯》（Forbes）是美国福布斯公司商业杂志，每两周发行一次，以金融、工业、投资和营销等主题的原创文章著称，还报道技术、通信、科学和法律等领域的内容，其发布的趋势预测和商业排名受到的全球认可度较高。《福布斯》于 2021 年 3 月发布了其对 2021 年人工智能发展

的趋势预测，指出机器学习运维、低代码和无代码、预训练语言高级模型、合成内容生成、面向青少年的人工智能在2020年已存上升势头，并将在2021年实现爆发式增长。

（1）机器学习运维。机器学习运维指的是机器在生产环境中的学习实践。但2020年的新冠疫情让人们重新认识到监控和管理机器在生产环境中的学习情况的必要性。操作流程、库存管理、交通模式都发生了巨大的变化，导致很多人工智能出现令人意外的行为。这在机器学习运维的世界中被称为"漂移"，即输入数据与人工智能的受训目标不符时发生的情况。虽然早前在生产环境中设置机器学习模型的公司都知道，机器在生产环境中学习面临"漂移"等诸多挑战，但新冠疫情带来的变化使大家对机器学习运维的必要性有了更全面的认识。

（2）低代码和无代码。自动化机器学习注重算法选择，以及为特定数据集找到机器学习或深度学习的最佳解决方案。2020年，低代码和无代码技术的应用实现全面增长，从普通应用到面向企业的人工智能垂直解决方案无所不包。虽然有了自动化机器学习，无须深入掌握数据知识，就能建立高质量的人工智能模型，但在现在的低代码和无代码平台的帮助下，无须深入学习编程知识，就能建立整套生产级人工智能应用。

（3）预训练语言高级模型。在过去几年里，自然语言处理领域取得了长足的进步，成为产生大量算法创新的人工智能领域。其中最重要的是"变换器和注意力"机制的创新，其常见应用之一是"基于变换器的双向编码器表征"（BERT）。这类模型功能强大，给语言翻译、理解、概括等带来了革命性的变化。不过，训练这些模型费用高，耗时长。预训练模型能够较好地解决上述问题，催生出新一代高效的、极易构建的人工智能服务，通过应用程序编程接口访问的高级模型，已经在GPT-3上获得应用。

（4）合成内容生成。生成式对抗网络同样是人工智能算法创新的重要领域，已经在艺术创造和图像造假方面产生了较多试验性应用。类似于自然语言处理领域的变换器，训练和调试生成式对抗网络的过程也很复杂，因为它们需要大量的训练组合。然而，合成内容生成技术大大减少了创建生成式对抗网络所需的数据规模。

（5）面向青少年的人工智能。随着低代码工具的普及，人工智能系统构建者日益低龄化，一名小学生或中学生也将有可能构建自己的人工智能，用于完成从文字处理到图像分类的各种任务。现在，美国高中已开始教授人工智能课程，初中似乎打算效法。例如，2020年在硅谷的"新思科学博览会"上，31%的获奖软件项目在创新过程中使用了人工智能。更令人印象深刻的是，在这些人工智能中，有27%是由6至8年级学生构建的。比如，其中一名获奖者是8年级学生阿妮卡·帕利亚波图。这名学生构建了一个卷积神经网络，能通过扫描眼部来检测糖尿病性视网膜病变。

第二十四章

2021年中国人工智能产业发展趋势、挑战和建议

第一节 发展趋势

人工智能基础技术将进一步突破。AI 的大发展依赖以深度学习为核心的底层算法创新，随着 AI 的大规模应用，AI 技术已出现瓶颈。在算法层面，人工智能目前处于初级阶段，从被动感知向主动感知、认知和决策还需要技术全面提升。在算力层面，人工智能对计算提出更高要求，当前的计算体系在成本、性能与能耗上均不堪重负。预计 2021 年，量子计算、无监督学习、浅层学习网络将被寄予厚望。

（1）智能边缘云将更加普及

预计 2021 年，基于"云服务"模式，越来越多的企业可快速基于云端 AI 技术能力开发 AI 应用。据 IDC 预测，到 2021 年，有大约 65%的中国 1000 强企业将利用自然语言处理、机器学习和深度学习等 AI 工具，使用于客户体验、安全、运营管理和采购等业务领域的用例，企业智能化转型将成为驱动智能边缘云市场规模增长的重要因素，AI+云计算将带来巨大的市场增量。

（2）服务机器人将获得更大发展空间

服务机器人指除工业机器人之外的、用于非制造业并服务于人类的各种先进机器人，主要包括个人/家庭用服务机器人和公共服务机器人等。随着我国人口老龄化加剧、劳动力成本上升，服务机器人市场需求

更加强劲，2021年，服务机器人市场有希望迎来大规模增长。知名数据分析公司Strategy Analytics研究指出，2020年的年服务机器人的全球销量增长了24%之后，预计2021年服务机器人销量将增长31%。尤其是2020年新冠疫情大流行加速了服务机器人市场规模增长，其在家庭清洁、陪伴儿童、分拣送货、环境消杀等方面表现出色。

（3）人工智能技术将进一步嵌入千行百业

近年来，AI金融、教育、娱乐、信息等相对新兴的服务产业率先得到应用，预计2021年，人工智能将与制造业、农业、医疗产业、养老产业等一二产业的细分领域实现深度融合。例如，在农业领域，AI与IoT设备、农机、无人机、无人车等技术结合，可用于提高农作物产量、优化灌溉系统、保护农田、治理虫害、监测牲畜健康，提升农业效益，据预测，全球在农业领域人工智能技术和解决方案方面的支出将从2020年的10亿美元增长到2026年的40亿美元；在医疗领域，AI与生物科技、医疗科技等技术结合，将对医疗健康产业产生深刻影响，2020年DeepMind的AlphaFold应用了深度学习技术，在蛋白质折叠生物学问题中获得重大突破；在养老领域，中国老龄人口已有两亿六千万，老龄产业成为"一个巨大的朝阳产业"，康养养老行业均有大量服务机器人应用场景，智慧养老产业正蓬勃发展。

第二节　面临挑战

技术驱动的产业发展，可以参照高德纳提出的遵循"技术成熟度曲线"模型（Gartner Hype Cycle）的五个阶段：第一阶段是启动期，即概念期，媒体有所报道，引起外界兴趣；第二阶段是泡沫期，即有个别成功案例，一些激进的公司开始跟进，媒体大肆报道，各种非理性的渲染；第三阶段是低谷期，即该技术的局限和缺点逐步暴露，对它的兴趣开始减弱，基于它的产品，大部分被市场淘汰或者失败，只有那些找到早期用户的公司艰难地活了下来；第四阶段是爬升期，即该技术的优缺点越来越明显，细节逐渐清晰，越来越多的人开始理解它，基于它的第二代和第三代产品出现，更多的企业开始尝试，可复制的成功使用模式出现，媒体重新认识它，业界这一次给予了高度理性的关注；第五阶段是高原

期，即经过不断发展，该技术慢慢成为主流，技术标准得到了清晰定义，使用起来越发方便好用，市场占有率越来越高，进入稳定应用阶段，配合它的工具和最佳实践，经过数代演进，也变得非常成熟，业界对该技术有了公认的一致评价。从大趋势看，人工智能发展在 2020 年渐渐进入高原期，在商业化能力、人才供给、社会伦理方面面临挑战。

（1）人工智能的商业化能力仍有待证明

中国人工智能创业公司以商汤、旷视、依图、云从具有代表性，但 2020 年四家公司的商业化进展均受阻。例如，2020 年旷视科技冲击港股 IPO 未果，2021 年 3 月 12 日再度冲刺科创板；依图和云知声 IPO 均未能获准。国内 AI 企业整体呈现营收增长快但整体规模较小，大都已完成数亿甚至数十亿美元融资，却一直亏损。旷视科技的招股书显示，报告期内（2017 年、2018 年、2019 年、2020 年 9 月），旷视科技净亏损达到 7.7 亿元、28 亿元、66.4 亿元和 28.5 亿元，因此有媒体将它们称为"吞金兽"。

（2）人工智能人才荒仍有待破解

2020 年我国人工智能人才缺口达 500 多万，供需比例严重失衡，高端 AI 人才依然稀缺，根据美国保森基金会旗下智库的统计显示，截至 2019 年年底，全球顶尖 AI 人才中的近 60%定居美国，在中国接受本科教育的顶尖 AI 人才占比最高，达到 29%，很多中国 AI 人才出国深造后留在美国工作，而与此对应中国本土高端 AI 人才匮乏。另据领英大数据显示，中国顶级人工智能人才仅排全球第六，细分领域 AI 人才短缺，兼具研发能力和应用背景的复合型人才数量有限，制约了垂直产品研发和行业应用。

（3）人工智能伦理问题的紧迫性日渐凸显

人工智能的发展离不开对伦理的思考和伦理保障，2020 年以来，人工智能的发展加速，智能时代的大幕正在拉开，大数据和智能算法正催生新型的经济和社会形式。与此同时，隐私保护、虚假信息、网络安全、网络犯罪、电子产品过度使用等 AI 技术带来的社会伦理问题成为全球关注焦点，全球掀起了一股探索制定人工智能伦理原则的热潮，欧盟、德国、英国、OECD、G20、IEEE、谷歌、微软等各类主体从各自的角度提出了相应的人工智能伦理原则，共同促进 AI 知识的共享和负

责人工智能体系的构建。以欧盟为例，2019年4月欧盟发布《可信AI伦理指南》(Ethics Guidelines for Trustworthy AI)，提出了可信AI框架的三个层次：一是可信AI的根基，二是可信AI的实现，三是可信AI的评估。欧盟委员会鼓励所有利益攸关方落实指南的关键细分要求。与此相对，国内尚缺乏具有国际影响力的AI伦理议题设定和框架提出。

第三节 发展建议

一、进一步推动"一集两库三平台"成为人工智能"新基建"的基本组成部分

算力、算法和算据是人工智能作为"新基建"赋能各行各业的抓手，针对我国人工智能"新基建"的发展目标和面临的挑战，应加紧制定产业数据标准、研发通用和垂直行业算法工具、打造开源开放的产业生态、形成规模化的算力支撑能力。因此，建设标准化数据集、人工智能算法库和解决方案库、人工智能开源开放平台、技术产品试验平台和检验检测公共服务平台、算力中心是人工智能"新基建"的主要内容，可概括为"一集两库三平台一中心"（简称"1231"）。

"一集"是制定产业标准的基础设施。主要指人工智能标准化数据集。它既是可被用于人工智能系统训练、验证和测试的元数据的集合，也是将零散、海量的大数据转化为有效数据资源的基础设施，对训练面向行业场景的人工智能算法至关重要。

"两库"是研发算法应用工具的基础设施。主要包括人工智能算法库和人工智能解决方案库。人工智能算法库能够支撑人工智能技术迭代，使得产业需求可以快速反哺技术创新，形成"技术-产业"的创新闭环。人工智能解决方案库是辅助各行业利用人工智能提升业务水平的基础设施，通过提炼人工智能共性关键技术和特定场景专用技术，可以形成不同行业、不同场景下的应用方法与操作案例的比对、匹配、筛选、分析，为各行业中小企业提供实践指导。

"三平台"是打造完整产业生态的基础设施。主要包括人工智能开源开放平台、人工智能技术产品试验平台和人工智能技术检验检测公共

服务平台。人工智能开源开放平台是进行人工智能领域的基础理论和算法框架创新的基础设施,目标是通过开源创新推动人工智能领域的产学研用协同,实现人工智能基础理论、核心技术、创新产品与方案的高质量创新。人工智能技术产品试验平台是推动相关技术和产品市场化、规模化的基础设施,目标是解决人工智能创新技术到产品转化的"最后一公里"瓶颈,提供试验场、试验床、试验台等,缩短产品从研发向产业化迈进的时间。人工智能技术检验检测公共服务平台是实现质量保障和市场反馈的基础设施,目的是提供专业化的检验检测工具、系统和平台,开展标准化的人工智能技术、产品和服务检验检测服务,完善行业准入门槛,形成良性市场互动。

"一中心"是提供规模化人工智能算力支撑能力的基础设施。具体指的是算力中心。算力中心是为各行业参与者提供算力基础支撑服务的综合体,将有效统筹前述"一集两库三平台",形成人工智能"新基建"合力。建设算力中心的目标是主要面向交通、制造、安防、教育、旅游、医疗、金融、城市管理、政务服务等各行业应用场景,打造数据汇聚平台、GPU 集群系统、深度学习训练框架,提供端到端的数据采集、清晰标注、训练框架调用、模型分析、训练可视化、模型输出、部署综合超算系统、应用系统、训练系统、数据系统、云计算平台等人工智能核心基础系统以及关键共性技术,满足各行业对人工智能算力的规模化、定制化需求,提供以算力为核心的人工智能基础设施和服务。

将"一集两库三平台一中心"("1231")作为推进人工智能"新基建"的基本理论框架,将有效帮助相关政策实施者、行业专家、领域从业者充分理解人工智能作为"新型基础设施"如何赋能本领域、本行业、本公司、本业务板块,真正让人工智能发挥作为基础设施的实际效果。

二、推动 AI 算力基础设施绿色高效发展

(1)建设集约绿色高效算力中心

推进先进节能环保技术和虚拟化、弹性计算、海量数据存储等技术应用,提高资源利用效率、节能减排水平和 IT 设备利用率。加强算力中心前期规划与设计,立足应用需求,兼顾能源、气候、自然冷源、网络设施、能耗指标等要素和条件,合理布局建设算力中心。

（2）继续夯实算力基础，建立专用计算设施

为应对新一代人工智能发展的需要，对算力的加强须围绕人工智能训练和推理需求。首先是聚焦训练及推理的计算芯片。人工智能正式进入算力定制化时代，为更好解决当前训练算力昂贵、推理计算不足的局面，应聚焦功能多元化、架构多元化的人工智能基础设施建设，针对性补充机器学习专属操作计算能力，面向数值计算并行、数据跨域交换等进行攻关，积极探索多元化架构，以类脑计算、量子计算范式为突破口，实现机器学习计算能力加速。投资建立 AI 超算中心，以承担未来各种大规模 AI 算法计算、机器学习、图像处理、科学计算和工程计算任务，加速产业落地，促进当地人工智能产业发展。

（3）打造软硬件协同能力，构建智能生态圈

面向应用的专用系统为满足业务实时响应要求，除需要将专属定制算力芯片进行部署外，还需要在软件层面实现两项功能：一是实现软件与定制芯片的高度耦合，以达到性能最优；二是软件需要与垂直行业平台及通用平台做好高效对接，保证调用所需平台功能的实时性。除软硬件协同外，还应构建行业协同能力，实现 AI 专用计算设施与行业已有业务系统的无缝对接，以算力支撑为依托，打造智能化应用生态环境的目标。通过提供智能算力基础设施及通用软件服务，围绕各地专用 AI 计算平台，汇聚孵化人工智能企业，促进人工智能产业发展，打造"科技研发、产业孵化、创投资本、教育培训、配套政策环境"的智能生态圈系统。

三、聚力提升 AI 基础理论创新的开源创新活力

（1）大力推动人工智能核心算法研究

一是以高校、科研院所等机构为切入点，对于在计算机视觉、自然语言处理、语音识别、自动驾驶汽车等领域进行基础算法研究的机构及人员给予政策和资金支持。二是引导和鼓励企业在其领域展开基础算法的研究，同时完善知识产权保护体制，加强对相关企业的专利保护，加强异构计算、类脑科学等前沿技术研究，推动核心技术发展。三是解决我国深度学习框架缺少核心技术、依赖欧美框架的问题，加强科研和自主创新，推出具有主导地位的国产框架是解决问题的关键。四是制定相

关政策支持科研团队开发用于研究、教学和测试的深度学习框架，鼓励企业与高校合作提供最新技术与开发环境，培养更多相关人才。五是围绕人工智能"新基建"推进目标，建立以深度学习开源平台研发为底层核心的科技创新体系，参与国际深度学习框架相关标准化进程，促进深度学习开源平台与云计算、智能芯片等协同发展，构建合作共赢的应用推广体系。六是鼓励各大研究团体和企业进行科研资源开放共享，为科研人员提供平台设施、数据资源和计算资源，用以训练和改进深度学习框架，配套制定相关优惠政策鼓励企业在深度学习框架领域进行各类探索和应用创新，积累科研实力和加速技术的迭代创新。

（2）支持人工智能开源开放和公共服务平台建设

一是深度学习框架开发和生态打造离不开校企充分合作。美国高校大力支持深度学习技术的开源模式探索，在开源生态机理、方法和技术的研究方面积累深厚。二是出台分领域指导意见、进行人工智能产业创新重点任务揭榜，引导和支持建立一批人工智能开放平台、开源项目及大规模常识性数据库。三是建立人工智能技术公共服务平台、多场景训练与测试验证重点实验室等一批平台型人工智能应用测试实体，为高校院所、创新型企业开放底层技术接口和数据库调用接口，建立共性技术创新研发平台，从源头上推进人工智能原始创新、自主创新。

（3）调动社会主体积极参与中文开源社区并为深度学习算法的开源生态建设提供持续支持

一是多种方式推广开源应用，加快研究开源知识产权认定法律法规，解决著作权归属、流入代码知识产权等共性法律问题，为未来应对国际开源知识产权纠纷做好准备。二是探索建立更完善的开源基金会制度（类似MXNet是被选入Apache基金会孵化项目后才得到更好发展），借鉴Linux基金会、Apache基金会等开源基金会的运行模式，鼓励社会力量与政府共建公益性开源创新生态环境。三是加强对开源技术、开源理念和开源文化的教育和宣传，为开源方案或混合方案的使用提供指导和实践指南，鼓励将开放性、公益性研发项目开源，逐步形成制度性要求，以提高全社会的开源意识。四是加速产学研用各创新主体共创共享，指导和鼓励国内相关企业与科研人员、开发者、硬件厂商、应用软件厂商、集成商协同合作，联合建设国家级深度学习开源平台，打造融

合化的自主创新体系，营造深度学习开源平台基础资源共享环境。

四、为 AI 算据的获取和有效利用提供政策支持和服务保障

（1）建立和完善我国人工智能数据标准、测评、知识产权等公共服务体系

一是着力打造标准化格式的数据集，建立人工智能系统训练、验证和测试的元数据集，围绕产业术语、参考框架、算法模型、基础理论、关键技术、产品及服务、行业应用、安全和伦理等，为细分领域人工智能技术应用提供应用标准、部署指南、实践案例。二是适时推出功能性的人工智能技术测试和伦理评估建议方案，引导行业技术伦理自律和社会对 AI 伦理和法律问题的持续关注。

（2）打造人工智能技术创新载体

一是支持龙头企业牵头，联合产业上下游企业、高校院所、专业机构等，共同建设人工智能重点领域的技术创新平台。二是支持高校、企业申报国家实验室、国家重点实验室、国家技术创新中心、重点工程实验室等国家级科研平台。三是认定若干区级人工智能技术创新平台，并视创新成效给予支持。四是支持面向云端训练和终端执行的开发框架、算法库、工具集等。建设开源开发平台、开放技术网络和开源社区，以及满足复杂训练需求的开放计算服务平台。五是以共享数据、智能计算编程框架和算力基础设施为核心，推动算法开源，构建创新生态，打造人工智能基础服务平台。

（3）发挥人工智能行业组织作用

一是依托人工智能领域的产业联盟、协会、学会等行业组织，充分发挥龙头企业、高校与科研院所力量，促进最新技术成果和资源、服务的精准对接。二是充分发挥各类创新基地聚集人才、资金等创新资源的作用，突破人工智能基础前沿理论和关键共性技术，实施应用示范项目。

后　记

《2020—2021年中国人工智能产业发展蓝皮书》在潘文、彭健的指导下，由赛迪智库世界工业研究所和无线电管理研究所的研究人员共同编写完成，力求为中央及各级地方政府、相关企业及研究人员把握人工智能产业发展脉络、了解产业发展现状、研判软件和信息技术服务业前沿趋势提供参考。

参与本书编写的人员有王哲、范振锐、唐宇佳、孙美玉、周钰哲、滕学强、丁悦、朱帅。全书分为综合篇、技术创新篇、行业应用篇、企业篇、政策篇、热点篇、展望篇等部分，由王哲统稿，潘文、彭健审校。各篇的编写人员分工如下：

（1）前言：王哲；（2）综合篇：王哲；（3）技术创新篇：唐宇佳；（4）行业应用篇：范振锐、孙美玉、滕学强、周钰哲、丁悦、朱帅；（5）企业篇：范振锐、孙美玉、唐宇佳、滕学强、朱帅；（6）政策篇：范振锐；（7）展望篇：周钰哲、丁悦、王哲。

在本书的基础研究和编写过程中，得到了工业和信息化部科技司的悉心指导，获得了深圳、上海、山东等地工信部门的大力支持，得到了人工智能产业创新联盟等行业组织及相关专家的协助，在此表示诚挚感谢。

本书虽然经过了研究人员和专家的严谨思考和不懈努力，但由于能力和水平所限，疏漏和不足之处在所难免，敬请广大读者和专家批评指正。同时，希望本书的出版，能为读者了解我国人工智能产业提供有益参考，为我国人工智能产业健康发展提供有力支撑。

赛迪智库世界工业研究所、无线电管理研究所

赛迪智库
面向政府 服务决策

思想，还是思想
才使我们与众不同

《赛迪专报》	《安全产业研究》	《产业政策研究》
《赛迪前瞻》	《工业经济研究》	《军民结合研究》
《赛迪智库·案例》	《财经研究》	《工业和信息化研究》
《赛迪智库·数据》	《信息化与软件产业研究》	《科技与标准研究》
《赛迪智库·软科学》	《电子信息研究》	《无线电管理研究》
《赛迪译丛》	《网络安全研究》	《节能与环保研究》
《工业新词话》	《材料工业研究》	《世界工业研究》
《政策法规研究》	《消费品工业"三品"战略专刊》	《中小企业研究》
		《集成电路研究》

通信地址：北京市海淀区万寿路27号院8号楼12层
邮政编码：100846
联 系 人：王 乐
联系电话：010-68200552 13701083941
传　　真：010-68209616
网　　址：www.ccidwise.com
电子邮件：wangle@ccidgroup.com

赛迪智库
面向政府 服务决策

研究，还是研究
才使我们见微知著

规划研究所	知识产权研究所	安全产业研究所
工业经济研究所	世界工业研究所	网络安全研究所
电子信息研究所	无线电管理研究所	中小企业研究所
集成电路研究所	信息化与软件产业研究所	节能与环保研究所
产业政策研究所	军民融合研究所	材料工业研究所
科技与标准研究所	政策法规研究所	消费品工业研究所

通信地址：北京市海淀区万寿路27号院8号楼12层
邮政编码：100846
联 系 人：王 乐
联系电话：010-68200552 13701083941
传　　真：010-68209616
网　　址：www.ccidwise.com
电子邮件：wangle@ccidgroup.com